中国和马来西亚的故事

胡正跃 黄惠康 / 主编

图书在版编目（CIP）数据

中国和马来西亚的故事 / 胡正跃，黄惠康主编 . -- 北京：五洲传播出版社，2023.7
（我们和你们）
ISBN 978-7-5085-5074-9

Ⅰ . ①中… Ⅱ . ①胡… ②黄… Ⅲ . ①中外关系－友好往来－马来西亚
Ⅳ . ① D822.233.8

中国国家版本馆 CIP 数据核字 (2023) 第 150770 号

中国和马来西亚的故事

主　　编：	胡正跃　黄惠康
出 版 人：	关　宏
责任编辑：	秦慧敏
装帧设计：	正视文化
出版发行：	五洲传播出版社
地　　址：	北京市海淀区北三环中路 31 号生产力大楼 B 座 6 层
邮　　编：	100088
发行电话：	010-82005927，010-82007837
网　　址：	www.cicc.org.cn www.thatsbooks.com
承　　印：	北京圣彩虹科技有限公司
版　　次：	2023 年 8 月第 1 版第 1 次印刷
开　　本：	787×1092mm 1/16
印　　张：	18
字　　数：	220 千字
定　　价：	68.00 元

谨以此书

纪念中国与马来西亚建立全面战略伙伴关系十周年!

序

中马友好源远流长，两国互信深厚，合作密切，人文相亲。建交47年来，中马关系经历风雨考验，始终健康蓬勃发展，并且拥有了许多"第一"。马来西亚是最先推动中国与东盟对话的东盟成员国，是第一个同中国双边贸易额突破1000亿美元大关的东盟国家，也是最早表态支持中国"一带一路"倡议的国家之一。中马关系的健康发展不仅造福了两国人民，更在世界上树立了大小国家、不同文明间和谐相处、互利共赢的典范。特别是在2020年世纪疫情与百年变局叠加、全球发展面临空前挑战之际，中马两国守望相助、精诚合作、共克时艰，再次用实际行动诠释了患难与共的兄弟情谊，显示了中马关系的坚强韧性和旺盛生命力。

这一良好局面离不开中马两国历届政府和各界人士长期以来的辛勤付出和努力。本书的两位主编都曾担任中国驻马来西亚大使，为中马关系发展倾注了特别的关切和心血。书中收录的30篇文章，出自中马两国政、商、学等各界代表笔下。其中，有两国领导人擘画共赢发展蓝图、提升双边关系水平的重要时刻,有郑和七下西洋、孙中山来马争取革命支持等珍贵历史片段,有战争年代"南侨机工"助力中国抗日战争的悲壮回忆,有个人事业、家族命运与中马关系进程同频共振的感人故事,还有年轻一代对中马关系的美好愿景。而这些,只是千千万万中马友好合作故事中的零光片羽。因为中马友好是一项世代传承、永续接力的事业,"我们和你们"的故事会生生不息、源源不断。

以史为鉴,继往开来。作为第 16 任中国驻马来西亚大使,我深受书中文字的鼓舞和启发,看到了中马友好合作的坚实基础,也看到了中马关系未来发展的无限潜力和广阔前景。我期待与两国各界志同道合的朋友一起,锐意进取,开拓创新,深化中马各领域合作,促进双方各层级交流,继续为中马友谊添砖加瓦,让中马全面战略伙伴关系乘风破浪、扬帆远航。

最后,衷心祝贺本书付梓面世。希望大家继续关心和支持中马关系发展。

欧阳玉靖

中华人民共和国驻马来西亚特命全权大使

2021 年 2 月 4 日于吉隆坡

序

《中国和马来西亚的故事》入选今年中国五洲传播出版社出版的"我们和你们"系列丛书，我感到非常荣幸。马来西亚与中国的故事要从47年前即1974年5月31日两国建交开始说起。

不过，马中两国交往的历史可以追溯到几千年前。从那时起，我们的友谊经受住了时间的考验，给两国人民带来了实实在在的利益。

当前，两国领导人进一步表明了推进双边关系的一致决心。马中有着深厚的文化和语言渊源，有着共通的发展历史，双方秉承互信传统，都在努力抓住机遇实现国家繁荣富强，这些都是我们合作的坚实基础。

新冠肺炎疫情中的国际合作见证两国关系进入新发展阶段。我们从疫情暴发之初就在精神和物质上相互支持。更重要的是，这种相互支持不仅体现在政府层面，也体现在民众身上。马方期待在新形势下通过在线通信和交流等各种方式进一步加强同中方的合作。

我相信，面对新冠肺炎疫情的挑战，马中双方将继续作出建设性努力，进一步加强和深化双边关系，特别是在经济、产业和技术、贸易、投资、教育、旅游等领域的合作。

我还要向中国外交部及其工作团队，特别是参与本书出版工作的中国前驻马来西亚大使黄惠康阁下和胡正跃阁下，表示衷心的感谢！我相信，这项工作将有利于马中关系的长远发展。

努西尔万

马来西亚驻华大使

2021年2月20日于北京

目 录

- 序 / 欧阳玉靖 | 005
- 序 / 努西尔万 | 007

记忆篇

- 胡正跃：时光荏苒，友谊长存 | 014
- 黄家定：切水难断，毋分彼此 | 024
- 柴　玺：习近平主席对马来西亚的历史性访问 | 032
- 马吉德：以马来西亚外交官的视角回顾马中友谊的发展 | 040
- 白　天：马来西亚，后会有期 | 051
- 朱雪松：从"敦拉萨路忆往"到"我所不认识的南侨机工" | 056
- 吴德广："猫城"不了情 | 064
- 吴　骏：百年槟城世纪情，中马友谊添新辉
  ——中国驻槟城总领事馆开馆往事 | 074

人物篇

- 汪红柳：矢志不渝的马中友好推动者
  ——记马来西亚前上议长阿布·扎哈 | 084
- 王春贵：我与马来西亚领导人的交往片段 | 092

◎ 陈凯希：你侬我侬中华情 | 097
◎ 古润金：在中马往来中丰富人生 | 111
◎ 林福山：我和中国驻马来西亚大使馆的一段缘 | 122
◎ 赵光明：我和我的马来西亚朋友们 | 127
◎ 张晓卿：东南亚"报业大王"与中国的故事 | 135

合作篇

◎ 黄惠康：砥砺奋进，携手同行 | 148
◎ 黄家泉：从吉利与宝腾"联姻"看中国和马来西亚的故事 | 159
◎ 杨天培：我所经历的马中经贸合作往事 | 170
◎ 许达维：血脉"链"起的合作之路
　　　　　——记槟城与厦门的技术合作之路 | 178
◎ 贾　鹏：在马来西亚亲历共建"一带一路" | 183
◎ 杨银梅：丰富多彩的马中教育合作 | 191
◎ 张仲敏：开启中马防务合作新篇章 | 204

人文篇

- 毛 莉、张六陆：来北京就像与老朋友重逢
　　　　　　——记马来西亚驻华大使努西尔万 | 214
- 白雨竹：熊猫"使者"萌动马来西亚 | 220
- 春小喜：做一个维护马中友好视频主的体验 | 229
- 张雅诰：我的中国情缘与琴缘 | 239
- 阿旺·沙利延：中马友谊，亘古弥新 | 249
- 王佳睿：我和马来语的故事 | 259
- 朱 炜：2020，我的庆幸与感恩 | 266
- 陈佩洁：难忘沙巴 | 273

- 后记 | 285

记忆篇

> 胡正跃：时光荏苒，友谊长存
> 黄家定：切水难断，毋分彼此
> 柴　玺：习近平主席对马来西亚的历史性访问
> 马吉德：以马来西亚外交官的视角回顾马中友谊的发展
> 白　天：马来西亚，后会有期
> 朱雪松：从"敦拉萨路忆往"到"我所不认识的南侨机工"
> 吴德广："猫城"不了情
> 吴　骏：百年槟城世纪情，中马友谊添新辉
> 　　　　——中国驻槟城总领事馆开馆往事

时光荏苒，友谊长存

胡正跃（中国驻马来西亚第9任大使）

2001年9月19日，我抵达吉隆坡，出任第9任中国驻马来西亚大使。时间过得好快，转眼之间，二十年就过去了。回顾那一段经历，至今仍然历历在目，异常亲切。

2001年10月24日，向马来西亚代理最高元首递交国书

马来西亚对我来说并不陌生。1993—1997年，我曾经在中国驻新加坡使馆工作。新马两地密不可分，有朋友形容，新加坡是一个精致的盆景，而马来西亚则是一个天然的大花园。我在新工作期间，曾多次到访马来西亚的吉隆坡、槟城、马六甲、新山等地，对马来西亚这片美丽的热土可谓心向往之。

1997年回到北京，我在外交部亚洲司任副司长，分管中国和东南亚国家关系事务，自然包括中马之间的事情。从1997年到2000年三年间，我曾在北京参与接待过马来西亚的最高元首和政府总理，以及其他高级代表团。同时我也有机会陪同中国国家领导人访问马来西亚，或参加在马来西亚举行的多边国际会议。

当时东南亚最大课题是应对地区金融危机。中国坚持人民币不贬值，对东南亚战胜危机、重启发展，发挥了中流砥柱作用。正因此，中国和包括马来西亚在内的东南亚国家之间的关系进一步拉近，各领域互利合作展现出新的更广阔的前景。

出任驻马来西亚大使那几年，正值中马关系发展势头良好，各种交流蓬勃发展的时期。政治上，两国高层互访频繁。大使馆的主要任务之一是接待好国内来访团组。记得我们每年接待的国内副省（部）级以上的团组约有上百起，其中最重要的有时任国家副主席胡锦涛、国务院副总理李岚清、全国人大常委会副委员长姜春云，还有一些省委书记率领的代表团，等等。

2002年4月，时任国家副主席胡锦涛到访马来西亚，马方给予了最高规格的接待。马来西亚最高元首在第一时间会见，马哈蒂尔总理和巴达维副总理分别会谈。给我印象最深的是会见马哈蒂尔总理时的开场白。胡副主席称赞对方容光焕发，并问是否与长期食用棕榈油有关。马哈蒂尔听了十分高兴，兴致勃勃地介绍起本国棕榈油生产、销售情况，强调中国是个巨大市场——十几亿中国人每人用一汤匙，马来西亚的棕榈油就不愁销路。好的开场是会谈成功的一半。这次会谈双方就双边交流与务实合作达成广泛共识。在政府欢迎晚宴上，马文旅部组织了一场丰富多彩的文艺演出，既有当地风情浓郁的土风舞，更有耳熟能详的中文歌曲。胡副主席非常高兴，临时决定上台与演员握手合影。这个临时决定的活动占据了次日报纸重要版面。接下来，胡副主席参访举世闻名的"双峰塔",引来大批新闻记者现场报道。我应询向香港记者介绍了胡副主席一行参访观感,相关内容被媒体广泛引用。出入"双峰塔"大门时,围观群众自发热烈鼓掌,表达欢迎之情,给代表团留下良好印象。访问马六甲时,胡副主席对相关历史遗迹看得很细,问了不少问题。好在主人准备周全,基本做到对答如流。槟城的访问日程很满,接待工作十分顺畅。陪同团团长、马来西亚贸工部副部长郭洙镇先生就来自该州执政党民政党。州首席部长许子根博士中文很流利,对当地情况了如指掌。此行除与州元首会见需要翻译外,其他日程多用中文交流,无形中增进了亲切感。最大亮点是瞻仰了当年孙中山从事革命活动、策划"黄花岗起义"的故居——打铜仔街120号。这是中国近代革命最早的海外活动遗址之一。2001年,马哈蒂尔总理亲自揭幕,正式将其命名为"孙中山槟城基地纪念馆"。胡副主席是该民间纪念馆落成后第一个到访的中国高层领导人,他参访时的照片后来一直陈列在一楼主厅。现在该纪念馆已成为中国游客"槟城游"的必到之地。代表团还参观了由中国公司设计承建的槟州直落巴巷水坝工程。胡副主席应邀种下了一棵象征中马友谊的棕榈树。至此,整个访问已接近尾声。出人意料的是,当代表团一行回到住地时,主人已在院子草坪摆上了各种当地名品榴莲。当时最有名的品种"红霞"的产地就是槟城。胡副主席和夫人都亲自品尝了榴莲并给予赞誉。那是一次难忘的、愉快的、成功的访问。随访的李肇星外长曾表示:"哪里去找这样友好的邻邦,这样动情的演出,这样友善的报纸。"他对使馆的接待工作表示满意。

胡副主席此次出访共包括马来西亚、新加坡和美国三个国家。马来西亚是第一站,被认为是开了个好头。我至今保留着临上飞机前在宾馆阳台上与胡副主席的合影。外交是一种积累。胡副主席的访问为两国关系的未来发展注入了新动力。

2003年,我又陪同行将出任马来西亚第5任总理的巴达维副总理正式访华，中方同样给予最高礼遇。业已出任中华人民共和国国家主席的胡锦涛亲切会见了巴达维，双方就未来友好交往与合作达成一系列共识。接下来几年两国关系的顺利发展，都与上述两次互访密不可分。由此，我们也认识到，世界发展到今天，国与国之间交往方式已有很多改变。但无论怎么改变，高层领导人之间的密切交往都是无法取代的。

良好的政治关系无疑对推进各领域合作有利，那几年驻马来使馆这方面的工作可用四个字形容：开拓进取。经贸合作是两国合作的重中之重，借助中国加入世贸组织和中国东盟合作不断加深的东风，两国经贸合作全面发展，开始步入快车道。与此同时，两国政府在推进中国东盟合作及共同打造博鳌亚洲论坛方面配合良好。中马贸易额长期在东盟各国中名列前茅。

双方贸易额不断攀升，交易品种发生了质变，实现互利共赢。数年时间，中马贸易从传统的农副产品发展到资源性产品，再扩展到机电乃至某些领域的高科技产品。马来西亚液化气和棕榈油大举进军中国市场，中国的成套设备开始落户马来西亚。中国公司在东马承建的热电厂效益良好，中国公司以"交钥匙"方式建设的东南亚最大水电站开工建设。多家船运公司从新加坡迁址马来西亚巴生港，增加了经巴生港向其他国家特别是伊斯兰国家的转口贸易量。广交会上，马来西亚客商数量一直位列东盟国家首位。中国银行吉隆坡分行恢复营业，大大方便了两国企业界的金融业务往来。著名中药企业同仁堂走进吉隆坡的海鸥门店，标志着马来西亚正式承认中医药的合法地位。南方航空公司在槟城设立办事处，为增进双方人员交流作出了新贡献。在马从事经贸活动的中资企业逐年增多，为此，在使馆商务处推动下，"中资企业协会"成立，首位会长是来自路桥公司的胡斌先生。我本人还在成立仪式上发表了讲话。

马中商会等民间机构也十分活跃。一大批华人、马来人、印度人企

2003年10月28日，拜会时任马来西亚总理马哈蒂尔

业家，都积极投身中马经贸、科技合作。马来西亚各州开始积极寻求同中国的合作。我还先后走访考察了一些州，包括彭亨、槟城、马六甲、沙捞越和马哈蒂尔的老家吉达州等，深感合作潜力巨大，领域众多。问题是需要精耕细作，协调中央和地方以及马来西亚各方面关系。那几年使馆商务参赞张应文工作很努力。他曾经在一亿多人口的中国四川省任外经贸厅厅长，也是全国人大代表；熟悉业务，广交各界朋友，提出过很多好建议。他带领商务处的年轻人，做了大量基础性工作，为后来两国之间经贸合作建立了框架，打好了下一步发展的基础。

马来西亚最大特色是多元化：多元政治，多元宗教，多元文化，多元社会。

各大政党都同外交使团有来往。主要执政党巫统党代会的开、闭幕式均邀请各国大使参加。

华人政党马华公会和民政党都是执政联盟成员。每逢华人春节，我们都会去上门拜年。门口有舞狮，落座有茶点。氛围热闹，喜气洋洋。

印度国大党在印度新年时也组织活动，展示印度文化。音乐、舞蹈、特色小吃，应有尽有。他们的活动一般会放在露天草坪，搭上一些帐篷，大人孩子都着节日盛装。此类景象与我在新加坡时的经历大致相当。民族和谐是不同种族政党追求的共同价值。

宗教节日当属开斋节最热闹。各单位和每个家庭都有开门迎客日。总理家的活动安排在总理府迎宾厅。马哈蒂尔和夫人连续几小时一直站在大门口与来宾握手。客人有各国大使，也有普通百姓。按规矩，大家都要用一点食品，以示对主人的尊重。实际上，这就是一种新年聚会，宗教色彩越来越淡，民俗气息越来越浓。要论宗教仪式，穆斯林信众到清真寺祷告倒是雷打不动的，特别是男士。星期五下午只要不是十万火急的事，千万不要去政府部门办事，因为那个时段常常是空无一人。在行政新区布城，与总理府办公大厦相对的是一座设计精巧的清真寺，庄重、美观、雅致。各部委的男性公务员周五下午大多在一起祷告。吉隆坡还建有世界上最大的清真寺和穆斯林博物馆，很值得参观。常言道，到什么山唱什么歌。到马来西亚当大使，了解和尊重当地的宗教习俗是应有之义。正因在马来西亚工作过几年，我在后来的工作中接待来自伊斯兰国家的朋友，就会下意识地注意一些细节安排，如食品必须清真，不可以上酒，住地最好要有做祷告的场所等。

马来西亚是坚持多元文化较好的国家。就人口占第二的华族而言，这里有较系统、完整的华语中小学教育体系。华人朋友无论年龄和职业，一般都能用华语沟通。几大华文报纸，有的已有上百年历史，即便是新创办的，也都内容丰富，文字严谨，话题有深度。我到过新山一个很偏僻的小镇，当地一位华人老者居然拿出一大本自己收集的剪报，内容都是各大中文报纸刊登的有关我的采访报道文章，令我深受感动。还有一次，在吉隆坡郊区公园，有一位母亲和她两三岁的女儿用相当标准的普通话在交流，我很受触动，情不自禁地同她们攀谈起来。对方见我汽车头边上挂着五星红旗，便主动要求合影留念。至于槟城的几所著名的华中，不仅培养出了一批又一批华语人才，更是一直坚守着中华民族传统文化。我曾代表中国大使馆向有关学校赠送过一些华文书籍，受到师生们欢迎。还有一件家喻户晓的事情，就是华语乐坛的多位歌手，如巫启贤、梁静茹、品冠、阿牛等，都是来自马来西亚的华人；来自怡保的著名国际影星杨紫琼，祖上也是中国广东人；羽坛名宿李宗伟用华语接受采访，与中国本土运动员没有两样。所有这些都说明，当地华人文化保护和弘扬得很好。这是社会环境宽松、不同文明融洽共处的结果，也是一代一代华界有识之士用心血灌溉出来的。

我还应邀出席过某位州苏丹的寿宴：巨大的园林，豪华的客厅，考究的民族服饰，热情欢快的氛围，令我印象深刻。皇亲国戚，长幼有序，其乐融融。在这里，你能感受到最地道的马来贵族文化。王子们既继承传统，又熟悉现代文明；既有政治历练，又广结善缘，进而为自己的政治前途做好充分准备。让我感动的是，从老苏丹到他的众多子女，谈起中国和中华文化都表现出极大热情，且十分友好。这显然与当地祖祖辈辈生活着大量华人有关。

中马文化文流中的几项便利条件和共有因素，是双方都方便且有意愿去推动和促进的。

一是郑和元素。2004年1月，为纪念郑和下西洋六百周年，马文旅部在马六甲举办盛大活动，中国文化部副部长孟晓驷率团出席。我们和马中央及地方官员一起，坐船出海，复盘当年船队抵离情景。沿途有群众挥手迎宾，场面宏大热闹。在吉隆坡还举办了郑和主题画展，时任副总理纳吉布出席开幕式。代表团还观赏了马来西亚巴迪时装秀。整个访问活动内容丰富、高潮迭起,回顾了历史,展示了两国文化,对宣介双方友谊和带动旅游发展都有积极正面意义。

二是"娘惹"文化。一代代华人和当地人结婚生子后,逐渐形成了一种独特的混血人群。娘惹是对此类中马混血人群中女子的尊称。几经演变,在马六甲和新加坡一带逐渐形成了一种中马结合的娘惹文化——从家具、服饰到餐饮等都自成体系,是两国人文或两种文明的优美结合,至今已有数百年历史。目前,在马六甲有娘惹文化博物馆,在吉隆坡有娘惹餐馆。记得马来西亚中央银行行长洁蒂女士请我吃饭就安排在一家很有特色的娘惹餐馆,其菜肴和服务不输任何一家中、西餐厅。

三是文化相通。来自中国的文化和艺术表演在当地很受欢迎。一方面,有华人朋友捧场,另一方面,马来和印度族裔的朋友也很容易接受,

2002年夏,在吉隆坡出席画家黄永玉(左二)演讲开幕式

因为他们与华人平时就生活在一起，相互理解对方文化系情理之中。更何况，学习华语已成当地非华人孩子的一种积极选项。马来西亚华语普及率之高，在东南亚数一数二。我们曾邀请著名中国作家二月河先生在吉隆坡金马皇宫酒店作"二月河·三月天"的中文演讲，两千人的会场座无虚席，且台上台下交流热烈。还有画家黄永玉先生在创价学会作文学与美术的演讲，偌大的礼堂连走廊上都挤满了听众。

四是旅游资源丰富。新马泰旅游线路持续二十年长盛不衰，马来西亚是中国政府最早确定的中国公民旅游目的地国家之一，有山有水有文化有美食，还有善良好客的民俗民风。

说到山，东马沙巴州有东南亚海拔最高的神山，在那4000多米的山峰上赏月可以说是最浪漫的事，因为眼前即是无垠的大海，与身处大陆上的高山之巅当有不同感受。看西马的山，最好去处当属金马伦高原。那里留下了一批殖民时代的欧式别墅，近代又发展出一些日式花园，凉风习习、古木参天，花草瓜果闻名遐迩，是植物学家、昆虫学家和摄影艺术家的天堂。

说到水，我会强烈推荐发源于金马伦高原、长达400多公里的彭亨河。从上游乘一条木船顺流而下，两岸群山青翠，河中鱼虾成群，颇有"两岸猿声啼不住，轻舟已过万重山"的意境。至于海岛，我觉得沙巴、刁曼、热浪、兰卡威各具特色和个性，都值得待上一周，来个惬意的深度游。

作为中国驻马来西亚大使，我有机会见到多位华人精英前辈。这里我想提到：槟城前首席部长林苍佑，华商翘楚郭鹤年、林梧桐，华文教育家、书法家任雨农。他们都是德高望重的前贤、才华横溢的高人，是海外中华儿女的优秀代表。

出使马来西亚这一段宝贵的人生经历，使我有机会深入了解一个友好邻邦，结识一批各界精英，服务一段两国交好。是为难得，荣幸之至。

最后，我想以任雨农先生 93 岁时为我作的一副对联作为本文的结语：正襟读史人生乐，跃马临流意境舒。

愿中马友谊长存。

致敬一代代为中马友好事业作出过努力的人们！

切水难断，毋分彼此

黄家定（原马来西亚总理对华事务特使、内阁部长）

马来西亚与中国友好关系源远流长、日新又新，不但拥有辉煌的过去，也将有光辉的未来。回想我个人参与国家政务工作的过程，有幸亲历马中两国深入交往、相互扶持的峥嵘岁月，不但见证了两国人民相知相惜的可贵，更目睹了两国领导人以两国合作共荣为前提、以双方人民福祉为依归的泱泱大度，至今仍在个人的记忆中存留着浓重而温馨的回响。当然，这里记述的只能是我个人所亲历和感受的一些片段，属于我个人的马中情怀，但都是情真意切的记忆。

20世纪90年代以来，和平崛起中的中国不仅让人看到机遇遍布的经济奇迹，更让人逐渐感受到中国人在国际社会上的活跃身影。90年代也正巧是我个人在政府公职上迈开脚步的时期，我开始有机会参与政府决策和施政工作，也因此有了更多机会接触和了解新时期的中国领导人。

毫无疑问，马来西亚对华工作自20世纪90年代以来不断深化，中国对马来西亚的重要性也与日俱增。领导人互访是外交亮点。我印象尤为深刻的是1996年5月时任中共中央政治局常委、中国国务院副总理朱镕基阁下访马。

"铁面"总理朱镕基

朱镕基阁下在接任总理以前,就已经长期负责中国经济领导工作。1993年出任第一副总理兼人民银行行长后,他全面掌管中国经济事务,在经济改革领域建树良多,政绩早已广受关注,其思维敏锐的现场反应、敢言敢为的从政作风、雷厉风行的施政表现,更是为海外华人所津津乐道。

1996年朱镕基副总理访问马来西亚时,已是马来西亚内政部副部长的我被指定担任其陪同部长。在为期4天的行程中,我陪同朱副总理参访了历史名城马六甲和槟城,借以直接了解马来西亚的华人社会,特别与朱副总理分享了华人在华文教育与政治参与方面的情况。我们都以普通话交谈,朱副总理身边的专业翻译员自然是"英雄无用武之地"了,但是却能够让朱副总理直接感受到马来西亚华人的日常生活片段。

我不但亲睹朱副总理冷静沉稳的睿智,也感受到他私底下亲切幽默与细心的一面。当时的我在从政道路上力争上游,正在考虑是继续留在马华公会青年团服务,还是转换跑道到马华公会母体竞逐中央副总会长的职务。几天的相处,朱副总理作为领导人的智者本色和长者的亲切态度,已经能够让我敞开心扉提及本身的政治心路历程,而朱副总理洞悉人情,深具前瞻性思维,认可年轻人追求自身的政治抱负。他的一席话犹如一盏明灯,给了我启发性的意见。我随后即下定决心竞选马华副总会长。得益于这一关键性的决定,我在政途上迈出了重要的一步,进而在2003年当选马华总会长,成为马来西亚多元族群社会中的华裔领导人。

朱副总理的人生中肯定有过不少提携后进的经验,他或许早已忘却曾经无意中给过我的提点,但却在我的人生旅途中留下了深刻的印记和回忆。朱镕基阁下后来于1998年3月接任中国国务院总理,在政务上继续施展他强大的执行力和魄力,尤其对肃贪所展示的决心和勇气,更是令人激赏和推崇。他推动落实分税制改革和金融体制改革，成功应对亚洲金融危机并稳定东亚经济体系，推动中国加入世界贸易组织，在短短一届任期内完成许多重大任务，所作出的不朽贡献令人肃然起敬。

1996年以后，经过将近20年的时间，我才有缘再次见到朱总理。2015年，我有幸代表马来西亚政府到北京参加中国人民抗日战争暨世界反法西斯战争胜利70周年纪念活动，朱镕基阁下作为党和国家元老也出席了在天安门举行的历史性盛会。阅兵仪式后，我终于见到了朱总理。想不到20年没见，他竟然还认得我，这使我内心澎湃而激动。可惜活动结束后国家元老们离席的行程紧凑，我们没有多谈几句的机会，只好匆匆致意告别。我常常想起朱总理的两大特点：办事铁面无私，待人心细如尘。无私才能秉公奉献，心细才能巨细靡遗，已经年过九十嵩寿的朱镕基总理始终是我最敬仰的一位国际领袖。

新世纪的稳步发展

进入新世纪，马中两国高层互访更加频繁。胡锦涛阁下以中国国家副主席的身份于2002年访问马来西亚，促成了马来西亚—中国商务理事会的创立。2009年11月，胡锦涛阁下又以中国国家主席的身份再次访问马来西亚。他倡导在新形势下促进本地区的和平、稳定、繁荣，并认为深化中马战略性合作符合两国和两国人民的根本利益。

2003年9月，我随当时的候任总理巴达维访问中国，促成了数项影响马来西亚中文教育与华社的重要决定。回国后我即刻在内阁中参与推动马来亚大学中国研究所的设立。2004年5月，我再次随同时任总理巴达维于马中建交30周年之际出访中国，并获得时任中国国家主席胡锦涛阁下的接见。

2005年5月，中国全国人大常委会委员长吴邦国阁下首次率团到访，我代表马来西亚政府在欢迎宴上接待吴委员长。2006年3月，中国全国政协主席贾庆林阁下访马，我代表马来西亚政府在华团欢迎宴会上接待。2013年2月，贾庆林阁下再度莅临主持马中关丹产业园区开园典礼，当时我领导马中商务理事会联合国内六大相关社团主办欢迎晚宴，感谢贾庆林阁下一直以来对马来西亚的支持和厚爱。马来西亚何其有幸，成为贾庆林阁下卸任中国全国政协主席之前的最后一个外访地点，更说明两国友好关系的密切。

我于2011年7月出任马中商务理事会主席，在全新的发展条件和机遇下领导对华商务合作，开展了很多有意义的双边经贸活动，其间不仅参与推动了很多两国国家级的合作项目，也从双边合作中得到很多宝贵的经验，有过很多特别的经历。

习近平主席访马的旋风

2013年10月，习近平主席对马来西亚进行为期3天的国事访问。马中商务理事会获得重大委托，分别与官方和民间单位于10月4日联办欢迎午宴和经济峰会。峰会不但获得两国政府部门高度重视，也齐集两国一千位高端代表。各经济领域和跨族群企业的代表、商团领导和社会精英出席峰会，展示了马中两国经贸合作攀越新高峰的强劲势头，为两国未来的共同繁荣提供了宏大方向和全新动力。对我以及马来西亚华人社会而言，同一天举行的欢迎午宴意义尤其重大——能够直接感受到习近平主席访问马来西亚所掀起的振奋人心的旋风，至今回想起来内心仍澎湃不已。

马中商务理事会获得马政府授权，牵头协调国内最重要的全国性华人组织和商会，举办热烈的欢迎午宴。习主席在会上不仅表扬华人为马来西亚的经济繁荣、社会进步、种族和睦作出了重要贡献，还希望马来西亚广大华侨华人朋友抓住中国当前的发展机遇，为促进中马友好合作再立新功。这一席话大大地鼓舞了在场长期致力于推动马中友好合作的本地最具代表性的华人领袖。

作为午宴大会主席，我坐在习主席旁边，近距离聆听教益，从容体会习主席的儒雅以及对广大华人社群的关爱和热情。在整整1小时20分钟的交谈中，我能深切感受到习主席对海外华人的关怀以及对马中友好关系的重视。坐在习主席身旁，我能够感受到他的领袖威严，以及侃侃而谈的亲切。习主席在发表大会演说的前后，不时向我询问马来西亚华人的现状。我告知习主席，作为中华民族的后裔，马来西亚华人生于斯、长于斯，对马来西亚绝对效忠，同时也对中华文化和中国的发展非常重视。我们都希望竭尽所能为马中友好关系出力，成为两国之间的桥梁，并为两国共同繁荣进步作出贡献。

马来西亚与中国不仅在经贸合作上屡创佳绩，更因为历史的牵引而发展出深具标志性的高教合作。自从提出创设厦门大学马来西亚分校计划以来，本地华人社会莫不欣喜雀跃，很多华社领袖主动提出为厦大马校区建设出钱出力。我借着以大会主席身份致欢迎词的机会，在习近平主席和夫人彭丽媛的面前，即席宣布：马来西亚企业家、慈善家郭鹤年先生率先向厦门大学马来西亚校区建设计划献捐马币1亿元，用于建筑校舍主楼，为厦大马校区的成功建设摘得头彩。习主席即席表示对厦大在马设立校区的支持和认可，同时也对郭鹤年给予赞扬。

厦门大学回到马来西亚培育英才

厦门大学是中国重点高校,又因为校主陈嘉庚先生而与马来西亚具有特殊的历史渊源。作为厦门大学客座教授,我对厦大马校区建设计划的落实可以说责无旁贷。从双边的官方认可,到校址的遴选、启动资金的筹措,再到学校注册和课程认证的工作,我都与马中两方的校务团队群策群力,力争在最短的时间内按照分校的建设规划将学校办起来,以期不负两国领导人及广大人民的厚望。

我还清楚记得与厦大领导层和马校区的工作团队南下北上考察本地高校以及遴选校址的经过,最后,厦大校方选定了毗邻吉隆坡国际机场的校址。这里位置优越而且交通便利。我们一行人无比兴奋,当场就在还是一片绿油油的棕榈园的校址前合照,预祝厦门大学早日"回到"马来西亚为马中两国以及东盟区域培育英才。

2016年2月22日,厦门大学马校区正式开课,写下马中高教与文化合作的历史新篇章。2019年9月28日,厦大马校区在鲜花与掌声中迎来了第一批共371名毕业生。我身在现场,深深感觉到百年树人的大业在马中两国的共同努力下开始结出硕果,桃李的芬芳必将永远传颂马中友谊的赞歌。

李克强总理的"及时雨"

2015年11月20日,李克强总理发表《历史的航道,崭新的坐标,扬起的风帆》署名文章,表达作为中国国务院总理首次访问马来西亚的喜悦和期许。李总理为"中马经济高层论坛"发表重要演说,他先以一句马来语"selamat pagi"(早安)向大家问好,令来宾倍感亲切。他以幽默但坚定的语气在论坛上宣布，中国愿意加强与大马的金融合作，继续按照市场原则购买马来西亚国债，在马发行人民币债券，并为大马提供 500 亿元人民币合格境外机构投资者（RQFII）额度。这三大措施堪称马来经济的"及时雨"，令出席者雀跃不已。我作为论坛主持人，近距离观察李总理妙语连珠的演说，清晰地感受到他谈话的诚意和信心，以及来宾受其感染而充满喜悦的心情。

论坛开始前，我安排了马来西亚具有代表性的 10 位企业领袖与李克强总理会晤并举行了闭门座谈。李总理聆听了马来西亚中华总商会领导人及各族企业家的经济建议，并予以正面的回应，清楚表明中国的发展机会是提供给大家的，中国重视与马来西亚政府的合作，将继续稳固现有合作及开拓更多商业发展。李总理还以榴莲比喻中马两国的久远友谊，他说："很多中国人告诉我，第一次吃可能会有些不好接受，第二次吃就会难忘，而第三次吃就会忘不了。"榴莲的美味令人忘不了，李总理充满睿智和幽默的谈吐更是历久弥新。

"两国双园"的历史性创立

"两国双园"——中马钦州产业园区和马中关丹产业园区的建设是两国商务社群的创意成果，深受国际关注。它不仅是中国—东盟自由贸易区启动 10 年后最为重要的新试点标志性项目，而且是马中两国之间具体产业合作的创意结合。为了促成这桩首创的国与国互设"国家级产业园区"的联合创建，马中两国政府及企业无数精英人才共同努力，跨越国界，克服了两国不同的商务和法律体制及政策的差距、经商及工作的文化差异，以及人与人之间的心灵距离，真正贯彻了习近平主席所倡议的"一带一路"共建计划中的"五通"，特别是民心的相通。在参与推动"两国双园"合作计划的过程中,有太多值得回忆和回味的经历,两国的团队在吉隆坡、北京、关丹、南宁和钦州之间无数次地穿越和往返,最终使"两国双园"的计划得以实现。

我至今仍然清楚地记得,当我第一次到访广西钦州园区的所在地时,那里还是一片荒芜,但是钦州的区位优势独特、战略地位重要、发展的措施有力。我确定自己必须据实向马方主管单位反映我的观察所得,以便紧紧抓住马中合作的机遇。随后,我受委任马来西亚总理对华特使,具体负责协调"两国双园"项目,见证"钦州速度"和"关丹速度"的良性竞争。当年双双都是一片荒芜的园区区址,经历了尘土飞扬、夜以继日的辛劳奋斗,数年之内崭新的现代化产业园区拔地而起,里头灌注的是马中两国人民的汗水和智慧。我所亲历的这种神奇变化,实非笔墨所能形容。

我有幸参与了马中两国近年来加强双边合作的重要发展阶段,更深入感受到两国领导人和两国人民对共同福祉的追求和渴望,太多令人动容的场景一一浮现脑海,可以说是言难尽意。正如习近平主席访马时所说:"中国和马来西亚是患难与共的好邻居、好朋友及好伙伴。……马来西亚有句谚语,叫'切水不断',用它来形容马中传统的友好关系,是最恰当不过了。"我认为马中两国经过长期实践,切实做到了"你中有我、我中有你",确是毋分彼此、切水难断。

习近平主席对马来西亚的历史性访问

柴玺（中国驻马来西亚第13任大使）

长期以来，我除了短期出使马耳他外，绝大多数时间都在参与有关南亚和东南亚的工作，是位"老亚洲"。2010年7月初，我受命出任驻马来西亚特命全权大使，能如愿回到友好近邻国家工作，心情尤为舒畅。回想起来，在马来西亚三年半的任期给我留下了许多难忘而美好的记忆，其中记忆最为深刻的是接待习近平主席对马来西亚进行国事访问。

习近平主席应马来西亚时任最高元首阿卜杜勒·哈利姆陛下邀请，于2013年10月3日至5日对马来西亚进行国事访问。这是中马两国最为重要的高层交往，双方都给予高度重视。为确保访问安全顺利取得圆满成功，中方派出由外交部礼宾司、新闻司和中央警卫局人员组成的先遣组，与马方相关人员组成联合工作组，就访问有关细节进行充分沟通，共同查看国家皇宫、总理府、总理官邸、吉隆坡会展中心等活动场地、雪邦国际机场和下榻饭店。我全程陪同先遣组，使馆为他们提供了便利的工作条件。其间，马方积极配合，接受了中方所有的建议和要求。

给予超高规格礼遇

马来西亚皇宫和总理府多次向我表示，马方对此次访问高度重视，承诺安全警卫按最高标准、接待工作按最高规格进行，此外还会有些特殊安排。据我体会，能体现超高规格礼遇的有以下几个方面：

一是最高元首夫妇陪车。按惯例，最高元首（马来西亚王权象征，由9个州的世袭苏丹轮流担任，任期5年）在议会大厦前广场举行隆重欢迎仪式，内阁成员、国会两院议长、军队首长和社会名流参加，并邀请驻马使节出席，奏两国国歌，在礼炮声中检阅仪仗队，再奏国歌，之后与在场嘉宾一一握手会面。仪式结束后，双方就此告别。然而超出我预料的是，皇宫礼宾官告知，尽管最高元首年事已高且身体欠佳，但陛下和元首后仍坚持在欢迎仪式后继续分别陪车送习近平主席和夫人彭丽媛回下榻饭店。这是对方表示友好的特殊安排。

二是破例在皇宫内安排仪仗队。在习主席访马前后，我有机会参加过马来西亚最高元首在皇宫为其他国家元首举行的欢迎宴会，一般就是双方先后致辞，席间演奏两国乐曲。此次为欢迎习主席和夫人，马方作出了特殊安排，以显更为隆重。除了从皇宫门口至宴会厅长长的通道上增铺了红地毯，还特意安排仪仗队夹道欢迎。这支仪仗队不是由军人组成的，而是身着华丽民族礼装的皇家仪仗队，他们高举皇家仪仗饰物，姿态谦卑地迎请中国贵宾。还有许多身着各色民族服装的男男女女手持代表自己民族的吉祥物和鲜花，面带笑容载歌载舞，喜迎宾客。哈利姆陛下和最高元首后先是在会见厅与习主席和夫人彭丽媛亲切友好交谈并合影留念，之后一同移步宴会厅出席欢迎宴会。宴会后还安排了极具民族特色的文艺演出。

三是私人晚宴。习主席是在对印度尼西亚进行国事访问后晚上飞抵吉隆坡的。马来西亚时任总理纳吉布出于友好，决定当晚在总理官邸设私人宴会招待习主席和夫人彭丽媛。总理官邸位于马来西亚新的行政中心布特拉加亚，是一个占地面积巨大、方圆结合的伊斯兰风格建筑物，由礼仪大楼、宴会大楼和生活区三部分组成。官邸前空地可容纳10万人，竖有万国旗杆和成对的华表灯柱。建筑旁有人工湖，形态各异的热带树木和花草错落有致，环境优美。当晚私人宴会，只有宾主 4 人，是极为特殊的安排。据说，宾主双方是在极其友好、轻松的气氛中共进晚餐的。纳吉布总理介绍，1974 年 5 月 31 日马中正式建交是他先父拉扎克（马第二任总理）提出的，他愿深入发展马中睦邻友好关系，相信习主席此次访马一定会为马中关系发展注入新的强大动力。习主席感谢纳吉布总理和夫人罗斯玛的邀请并设私宴款待，强调双方要永远牢记两国老一辈领导人为中马关系长期发展所作的努力和贡献，希望双方共同努力让中马业已存在的友好合作关系更上层楼。两位领导人还就共同关心的国际和地区问题交换了意见。他们初次见面，一见如故，交谈甚欢，开始建立起良好工作关系和个人友谊。

四是推迟巫统党代会。巫统是马来西亚当时执政的国民阵线主要成员，原定 10 月 5 日举行党内选举。为保证习主席访马能按中方提出的时间成行，身为巫统主席的纳吉布总理果断决定推迟党的这一重要日程，为访问让路。这是马方高度重视中马友好关系的具体体现，令我感动。

提升两国关系定位

欢迎仪式后，习近平主席一行在总理府与纳吉布总理先后举行小范围和大组会谈。两国领导人高度评价中马合作成果，就新形势下全面推进中马关系深入交换意见，达成广泛共识。双方决定将两国战略性伙伴关系提升为全面战略伙伴关系。

习主席表示，马来西亚是东盟成立后率先同中国建交的东盟国家。我们不会忘记两国老一代领导人为推动中马关系作出的历史性贡献。中方高度重视同马来西亚的关系。近年来，两国合作亮点纷呈，传统友谊历久弥新。中国连续 4 年是马来西亚最大贸易伙伴，马来西亚连续 5 年是中国在东盟最大贸易伙伴，双方各领域合作均走在中国同东盟国家合作前列（中马贸易额曾一度是中国—东盟贸易总额的四分之一）。在新的历史时期，双方应该进一步提升战略合作水平，使中马关系在本地区继续发挥示范引领作用。

习主席就两国合作提出建议

习近平主席就中马两国合作提出建议。一是两国领导人保持常来常往的好传统，坚持从中马友好大局出发，加强就重大问题的战略沟通和对双边关系的顶层设计。加强党际交流，分享治国理政经验。二是结合各自发展战略扩大经贸合作，实现双边贸易额2017年1600亿美元的目标，将钦州、关丹产业园区打造成两国投资合作旗舰项目，带动两国产业集群式发展。中方鼓励中国企业参与马来西亚北部发展和吉隆坡至新加坡高铁建设，推进本地区互联互通。加强金融合作，扩大本币在贸易和投资中的使用。三是加强信息通信、遥感卫星、生物技术合作，积极推进科技实验室建设。四是发挥防务安全磋商机制作用，加强两军交流合作。深化执法合作，合力打击恐怖主义和跨国犯罪。五是扩大地方合作和民间往来。2014年是两国建交40周年暨中马友好交流年，双方要规划好一系列庆祝活动，包括青年百人团交流。

习主席指出，中国和东盟国家同为发展中国家，双方要牢牢抓住发展主题，深化合作，推进区域经济一体化，为发展创造良好地区环境。

纳吉布总理表示，习近平主席的来访充满友好和温暖。马中有着坚实友好基础。两国关系自1974年建交以来取得了长足发展，各领域合作成果丰硕。中国是马来西亚可以信赖的朋友。马方期待同中国加强全面战略伙伴关系，相信两国关系前景广阔。他表示，我完全赞同中方合作建议，认为这些设想意义重大，将推动两国关系取得更大进展。马方希望同中方保持各层级沟通，扩大双边贸易，促进相互投资，建设好钦州和关丹两个产业园区，欢迎中国企业参与马方基础设施建设，鼓励双方互设金融机构。马方愿同中方加强两军、科技、执法、教育、旅游、人文等领域交流合作。他说，在东盟同对话伙伴国关系中，东盟—中国关系最为活跃。马方愿积极推动东盟—中国关系发展，推进区域合作，促进本地区和平、稳定、繁荣。

记得在去参加会谈的路上，王毅部长对我说，习主席与纳吉布总理会谈时将提出筹建亚洲基础设施投资银行的倡议，要求我马上转告马方，希望马方能予积极回应。我在车上立即打电话给总理外交顾问，请他立即将此口信转告总理阁下。抵达总理府见到外交顾问时，他面带微笑地向我做了一个"OK"的手势，表示"没问题"。这我就放心了。会谈时，纳吉布总理表示，马方完全支持中方倡议筹建亚洲基础设施投资银行并愿意考虑参加。他还说，如可能，希望将该行总部设在吉隆坡。

关于管控双边分歧，双方均认为要从两国关系大局和整体利益出发，在相互理解、友好协商的基础上妥善处理分歧。习主席说，中国有句话叫"得其大者方能兼其小"，强调相互保持密切沟通、增进政治互信的重要性。

会谈后，习近平主席和纳吉布总理共同见证了有关合作文件的签署，并共同会见了记者。习主席和纳吉布总理还共同出席了中马经济合作高峰论坛，肯定两国企业为推动双边经贸合作所作的努力和贡献，强调要抓住机遇续写互利合作新篇章。

会见马来西亚前总理马哈蒂尔

习近平主席在会见马哈蒂尔时赞赏他多年来为推进中马友好合作作出了重要贡献，是中国人民敬重的老朋友。习主席表示，600多年前，中国航海家郑和七次远洋航海，五次驻节马六甲，成为中马友好交往史上一段佳话。抚今追昔，中国将坚定不移走和平发展道路，讲信修睦，致力于同马来西亚发展睦邻友好关系。中国人民正在努力实现"两个一百年"的奋斗目标。马来西亚正朝着"2020宏愿"的目标迈进。两国有广泛共同利益、相似发展进程，互利合作前景广阔。访问期间，我深切感受到马来西亚各界对发展对华合作的强烈愿望。中方积极支持两国各界加强交往合作。

马哈蒂尔表示，马方永远不会忘记马中友好交往的历史。600多年前，郑和率领强大船队来到马来西亚，带来的只是友谊。马来西亚人民赞赏中国和平发展和睦邻友好方针，看好中国经济发展前景，相信中国人民一定能实现中华民族伟大复兴的目标。马方期待着同中方发展强有力的全面战略伙伴关系，从彼此发展中受益。马哈蒂尔形象地说，如果每个中国人都吃一勺来自马来西亚的棕榈油，每个马来西亚人都会很富有，马方希望扩大对华棕榈油出口。他还就两国务实合作提出建议，表示马来西亚工商界正在筹建"郑和多元文化友好协会"，目的是促进双边贸易和相互投资。他表示，他将继续为促进马中关系发展尽心尽力。习主席对成立该协会表示肯定和支持。

会见时，习主席几次表示欢迎马哈蒂尔多去中国走一走、看一看。马哈蒂尔表示感谢并期待有机会再次访华。会见后，习主席对外交部副部长刘振民和我说，邀请马哈蒂尔访华是有诚意的，如他来华，可再安排会见。这充分体现了习主席对马哈蒂尔的尊重。

华侨华人欢迎午宴

会谈结束后，习近平主席和夫人彭丽媛在吉隆坡出席马来西亚主要华人社团举行的欢迎午宴，近千人出席。宴会前，习主席夫妇和陪同人员与各界华人代表合影留念。

午宴在热烈、亲切、和谐的气氛中进行。当习主席和夫人步入宴会大厅时，现场响起热烈而经久不息的掌声。马来西亚总理中国事务特使黄家定首先致辞，代表马来西亚华侨华人热烈欢迎习主席和夫人彭丽媛，对他们拨冗会见各界华侨华人表示衷心感谢。他表示，习近平主席的访问标志着马中关系取得新的突破性进展。马来西亚华侨华人关心和支持中国的发展，坚信中国的发展壮大有利于亚洲和世界长期稳定繁荣。马来西亚华侨华人愿继续做传承和促进马中友好合作的桥梁。他还利用这次机会宣布，郭鹤年老先生（马来西亚首富）决定向筹备建设中的厦门大学马来西亚分校捐助1亿马币（约合2亿元人民币）。后来又有多位华人领袖慷慨解囊资助分校建设。

习近平主席在致辞中代表中国政府和人民向马来西亚华侨华人致以崇高敬意。他表示，马来西亚是海外华侨华人聚居最多的国家之一（华人人口700万，约占马总人口四分之一）。几百年来，一批又一批中国人漂洋过海，在这片土地上落地生根，艰苦创业，繁衍发展，为马来西亚经济繁荣、社会进步、社会和谐、种族和睦作出了重要贡献。

习主席指出，马来西亚华侨华人是中马友谊和合作的亲历者、见证者、推动者。他们到中国投资兴业，捐资助学，推动两国文化交流，为中马关系发展牵线搭桥。没有华侨华人的努力，就没有中马关系今天的大好局面。

中国和马来西亚是隔海相望的邻居、真心相待的朋友、互利合作的伙伴。习近平主席同纳吉布总理一致决定，将中马关系提升为全面战略伙伴关系，并就深化一系列务实合作达成广泛共识，为两国关系发展和两国人民友谊打开了更加广阔的前景。

习主席还介绍了中国改革开放情况和未来发展蓝图，强调中国人民正在为实现中华民族伟大复兴的中国梦努力奋斗。中国的发展将惠及世界，首先将惠及邻国。希望马来西亚广大华侨华人朋友抓住机遇，继续发挥优势，促进中马合作，实现自身事业更大发展，为中马共同发展多作贡献，为中马友好大业再立新功。

习主席讲话过程中，在场华人认真聆听，心情激动，多次报以热烈掌声。

夫人外交

访问期间，习近平主席夫人彭丽媛在纳吉布总理夫人罗斯玛陪同下来到马来西亚国家大剧院，出席马来西亚儿童艺术教育项目专场音乐会。马来西亚内阁女性部长及社会知名女性代表参加。孩子们表演的歌舞既有浓郁的马来西亚传统特色，又充满现代气息，表达了他们对世界和平、人类和谐的向往。孩子们用中文演唱《让世界充满爱》，将现场气氛推向高潮。演出结束后，彭丽媛走上舞台，同孩子们合影留念。彭丽媛还参观了马来西亚传统工艺品和服饰展，观看了制作工艺演示。她那优雅的举止、和善的微笑和鼓励的言语给孩子们和马来西亚人民留下美好印象。

我深信，习近平主席对马来西亚的国事访问意义重大，影响深远，访问成果将对两国友好合作关系的深入发展起到长期的指导作用。

接待习主席访马约3个月后，我于2013年底结束在马任期奉调回国，次年初办理退休，结束35年的外交工作。这次接待国家元首的国事访问为我的外交生涯画上一个圆满的句号，为此，我一直感到无比荣幸和自豪。

以马来西亚外交官的视角回顾马中友谊的发展

马吉德（马中友好协会会长、马来西亚前驻华大使）

当前，马中关系健康发展、充满活力，体现了两国历史上长期以来的友好传统。一些学者认为，马中关系的起源可以追溯到两千年以前，两国关系的黄金时代出现在明朝和马六甲苏丹时期。据史料记载，1403年，马来半岛与中国建立了友好关系。在马六甲苏丹统治时期，两国贸易发展迅速，深化了双方的外交和经济交往。几百年来，马六甲一直是重要的国际港口。1405年郑和的舰队首次抵达马六甲时就曾在此停留。郑和下西洋被认为是中国与世界建立友好情谊的象征，也推动了中国与马六甲的文化交往。当时，马六甲处于战略要地，联结中国和印度两大文明古国，其优越的地理条件推动了马中贸易和人文交流。

今天，在马六甲地区和其他东南亚国家，我们可以找到许多与郑和下西洋有关的传说和历史遗迹。虽然马六甲已经失去了当年作为国际贸易中心的地位，但是近年来，它已成为中国游客的热门旅游目的地。当前，马中两国交流合作十分活跃，特别是在"一带一路"倡议的推动下，马六甲作为贸易和文化中心的地位有望得到重振。

1949年后，由于冷战和新中国刚成立时确立的"一边倒"外交政策，双方的接触和交流有所中断。20世纪70年代，国内因素和地缘政治的演变促使马中两国领导人相互敞开大门，开启了两国持续友好合作的新征程。1974年5月底，马来西亚总理拉扎克访华，正式确定重启马中关系，并会见了毛泽东主席和周恩来总理。1974年5月31日，两国正式建交，不仅为双边关系书写了新篇章，恢复了马中交往的历史传统，更为两国长期友好和互信互利的务实合作奠定了坚实基础。

鉴于冷战对马中关系的影响，两国在建立外交关系后面临的主要任务是建立相互信任。在这种背景下，马来西亚和中国的许多人士都投身于建立互信的工作中。两国领导人、政府官员、商界人士、商协会和社会组织领导人积极发挥各自作用，通过推动和深化双边友好合作实现互利共赢。拉扎克之后的历任马来西亚总理都秉承了他的理念，在前任基础上，不断推动马中友谊和合作向前发展。

在深化友谊和互信的过程中，马来西亚第四任总理马哈蒂尔发挥了意义深远和决定性的作用。1985 年，他富有开创性地率领一支由政府官员和商界人士组成的庞大代表团对中国进行了正式访问。他鼓励马来西亚人把目光转向中国寻求新的机遇，并确信中国正在推动经济对外开放并积极融入国际社会。后来，马哈蒂尔终止了马来西亚"对华管控政策"，转而采取更加开放和自信的方式推动双边关系发展。随后数年，他一直强有力地驳斥"中国威胁论"。此后，两国友好关系开始发生重大而积极的转变，并延续发展至今。

下面，我谨向大家分享我作为外交官在中国工作 11 年的经历，并回顾两国为促进友好关系的发展、强化两国历史纽带所作的努力。

我曾两次被派驻中国。第一次是从 1980 年到 1985 年，当时我是马来西亚驻华使馆的一名政治事务官员。第二次是从 1998 年到 2005 年，我作为马来西亚第 8 任驻华大使被派驻中国。两次常驻间隔有 13 年。在常驻中国的这两段时间里，我能够近距离地了解中国向现代化的转型，以及马中交往取得的巨大进展。就中国的发展而言，我仿佛经历了两个完全不同的世界，而就马中关系而言，我看到双方的互信水平和合作深度正朝着积极正确的方向迈进。

我第一次到北京是在1980年9月,那时中国实施改革开放政策已将近两个年头。早期中国的改革开放政策在方向上仍然存在不确定性,但随着时间的推移,中国探索新发展道路的决心越来越明确。就双边交流而言,当时两国正式建立外交关系只有6年,双边交往成果寥寥。我认为,建交初期双边关系发展缓慢的原因是冷战和意识形态上的分歧导致马来西亚仍然在对华关系上心存担忧和疑虑。

在我们的记忆中,中国与世界隔绝了几十年,国际社会对中国也有自己的看法。此外,不同的意识形态、文化和语言增加了中国的神秘感。尽管如此,我们两国都决心重建友谊,并从中国的改革开放政策中寻求互利共赢。同时,中国也在不遗余力地增强国际社会对其信心和信任感。

坦率地说,当时我也受到了外部世界对中国普遍看法的影响。第一次来到中国时,我感到有些焦虑。中国的体制环境和运作方式与马来西亚有很大的不同。然而,时间消除了我的焦虑,中国的实际情况与我的预期并不相同。我所看到的,是一个贫穷、与世隔绝、朋友不多的国家。但令我印象深刻的是,中国也是一个渴望进步、不断发展和推进现代化的国家。中国渴望以自己的节奏和方式拥抱世界。

在这段时间里,马来西亚驻华使馆的工作重心更多的是跟踪中国的动态,努力理解和分析好中国新的政策方向。我们需要做好这些工作,以便向吉隆坡提出适当的政策建议。有些人对中国的新政策仍持怀疑态度,不相信变化会真的出现。驻华外交官们也是意见不一。一些人非常相信中国的改革开放政策会落实,并建议本国政府作出积极回应;其他人则有些拿不准,采取了观望的态度。

正是在这种模棱两可的氛围中,我作为使馆的一员,近距离感受到了中国与马来西亚以及其他邻国建立友好关系的不懈努力。马来西亚与中国虽然在1974年就建立了外交关系,但双方在互访和具体合作方面的成果仍然较少。当时,中方人员频繁与时任马来西亚驻华大使接触,希望马来西亚"对华开放"并加快两国官方和民间交流的步伐。

尽管当时马来西亚希望与中国进行更广泛、更深入的接触，但仍然难以接受中国党政分开交往的双轨思路。为了弥合这些分歧，传递建立和谐关系的共同愿望，两国之间进行了最高层的交流。1978年，邓小平副总理访问马来西亚。一年后，马来西亚第三任总理侯赛因回访中国。这些访问对建立双方互信、进一步拉近马中友好合作关系产生了重要影响。后来的发展也证明确实如此。如前所述，此后马哈蒂尔勇敢地抛开马来西亚意识形态上的担忧，以一种新的务实的方式重启与中国的关系。20世纪90年代，双边合作进一步扩大，涵盖贸易、投资、旅游、教育、农业、科技等领域。1992年，马中友好协会同中国人民对外友好协会签署谅解备忘录后，两国人文交流显著加强。

20世纪80年代在华工作期间，很多积极的事件改变了我以前对中国的错误认知。我感受到了大量来自中国政府和人民的友好情意。一到中国，我们就很顺利地在北京安顿下来并得到了很多帮助，消除了后顾之忧和文化、语言方面的障碍。外交人员和侨民与中国政府在解决后勤和住宿需求方面的主要沟通渠道是中国外交部及其下设机构，特别是外交人员服务局，他们悉心满足我们的需求，让我们有宾至如归的感觉。但由于两国文化、语言和制度的差异，一些不满和抱怨也很常见。这也成了各国外交官聚餐时的一个常见话题，在餐桌上，人们经常会拿外交人员服务局的服务进行比较。总的来说，尽管有可改进之处，但外交人员的生活还是得到了很好的保障。

热情好客是中国人的传统美德。20世纪七八十年代在中国工作过的人对"友谊商店"这一机构仍记忆犹新。这是一家专门为在中国工作的外国人和外国游客提供服务的国营百货商店。在这里，外交官和外籍人士可以购买到来自家乡的商品，各国人士之间的友谊日益加深。最初，友谊商店的设计和组织并不完善。随着商场逐步开展的现代化改造，友谊商店变得越来越有吸引力，商品整齐摆放在货架上，就像香港或其他地方的超市一样。

位于北京西部的友谊宾馆则用来接待外国客人和商务人士。当时，中国几乎没有五星级宾馆，是友谊宾馆给外国客人提供了舒适的住宿。这些"特殊机构"今天仍然存在，但在服务水平和吸引力方面已被遍布中国各地的超现代化购物中心和豪华酒店所超越。对于我们这些在中国经历过物资短缺时期的人来说，友谊商店提供的服务是无价的，是值得怀念的。

我在北京的第一个任期对我的家人来说也是非常难忘的，因为我的

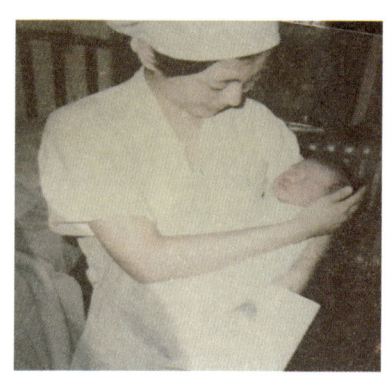

1981年9月，长子拉苏尔(Rasul)在北京出生

两个儿子均出生在北京。我的妻子选择在北京的医院生产。这次经历令她很愉快，孩子出生很顺利，医生和护士对她照顾有加。长子的安全出生以及医护人员的关爱让我妻子对北京的医疗水平充满信心。四年之后，在同一家医院，我们的次子出生了。

我们还有一位慈祥的"阿姨"，她照顾着我的两个孩子，陪伴他们成长，我们一直很感激她。现在，我很高兴我的长子和他的马来西亚妻子把中国当成了他的家，他们的两个孩子都是在中国出生的。和40年

前的我一样，他们也在生活和工作的地方感受着中国人的关心和友善。

20世纪80年代，中国旅游业还没有完全发展起来，还有很多地方不对外国人开放，但我和家人还是可以到处旅游。我仍然记得1983年那次激动人心的西安和新疆之行。那时，所有涉外旅行都必须由中国国际旅行社负责，他们提供了不错的服务。中国正尽其所能逐步向外国游客开放，以展示这个国家动人的美景，同时揭开她的神秘面纱。旅行中，我们发现当地人很友好，但对外国人非常谨慎和好奇。

这一时期，中国也在积极推进改革开放政策，特别是在深圳和海南岛等地新建经济特区以吸引外国投资者。马来西亚对这一政策作出了积极回应。虽然这些特区还处于欠发达状态，但马来西亚驻华使馆向吉隆坡提交了预期乐观的报告，指出了特区的发展潜力，重申中国的开放是真实的，马来西亚应该抓住机遇。据我了解，鉴于马来西亚是一个有良好发展记录的友好国家，中国也视其为潜在投资国。回顾过去，今天在中国取得成功的马来西亚企业中，不乏于中国对外开放初期接受邀请在华投资兴业的企业。

1998年我的第二次赴华任职是一次升迁。我获悉，马来西亚将驻华大使视为优先考虑和具有战略重要性的外交职位。我曾在中国工作过，因此政府希望我能把两国关系推向更高的水平。

20世纪90年代末，马中关系进入黄金时期。1999年，两国共同庆祝了建交25周年。双方交往的广度和深度与日俱增，双边贸易额创历史新高。银行、金融、旅游、教育和文化等行业交流突飞猛进。双方互派留学生数量也大幅增加。

在区域合作层面，中国成为东盟的对话伙伴，并在随后几年支持马来西亚提出的东亚经济合作倡议。这些都表明两国为恢复友谊、深化合作所作的早期努力取得了积极成果。双方日益增长的政治互信和信心是很明显的，这为两国推进战略伙伴关系的目标奠定了基础。

在我前往北京之前，时任总理马哈蒂尔指示我，作为驻华大使，应继续加强两国和两国人民之间的友谊。马哈蒂尔还表示，应该鼓励中国在本地区发挥更积极的作用。当时马来西亚领导层很清楚，中国的经济地位和战略重要性正在上升，马来西亚需要相应地调整其对华政策。在这些指示和马方对中国的战略考量的指导下，我以饱满的热情赴任，决心在前任的基础上，进一步深化双边合作。

我发现1998年的中国和80年代的中国完全不同。这个国家变得越来越国际化，人们积极乐观，到处都是令人兴奋的机遇。有更多的外国公司进入中国，也有许多外国人在中国工作。更引人注目的是，中国人的生活方式和生活水平变化很快，生活更加丰富多彩和富足。北京通过大规模的城市化进程，拥有了现代化的楼房和更完善的交通系统，出现了新的服务行业，可以买到进口产品。英语在很多领域广泛使用，咖啡也成了一种时尚的饮料。国际化城市的标志之一就是交通堵塞，北京的街道有时也会出现拥堵。外交官们的生活变得更加舒适，他们的需求可以通过多种方式得到满足，与中国人民的交流变得更加开放，不受拘束。

在当时中国积极开放的社会氛围下，在北京的每一个外交使团都在忙于加强对华友好关系和扩大社交网络。同样，中国也在积极对外开放，推动更多对华贸易、投资和文化交流。事实上，当时的外国驻华使团之间存在着一种无声的竞争，大家都在关注哪个国家在首都接待中国代表团访问次数更多，以及本国派遣代表团访华频率有多高。

马来西亚驻华使馆的工作人员也同样干劲十足，致力于将与中国的交流与合作提升到更高水平。在北京亮马桥新建的使馆和大使官邸表明马来西亚将长期致力于与崛起的中国建立更牢固的双边关系。有了这些新设施，我们现在能够更高效地为越来越多的中国游客、商人和学生提供签证服务。这也表明马来西亚是中国的友好邻邦，并且欢迎中国游客来马来西亚旅游。

我参加过不计其数的国家和省级展览会、研讨会和经贸洽谈会，我发现这些展会活动在帮助两国巩固友谊和扩大交往方面是一个非常有效的平台。中国政府精心筹办了一系列非常有针对性的国际性展览和交易会来吸引外国资本和外国游客前往中国，这些活动都非常成功。参加这些活动使我有机会会见地方的政府官员和企业代表们。这些官员渊博的知识以及他们在推动当地 GDP 增长和吸引跨国公司方面的成就都给我留下了深刻的印象。他们表现出高度的竞争意识，"盛赞"自己的城市是最好的，是他们的邻居"比不了"的。这些受过良好教育、吃苦耐劳、具有强烈竞争意识的政府官员为中国的发展和现代化作出了重大贡献。通过这个平台，我交了很多朋友。直到今天，我和他们中的一些人还保持着联系。

这样的展会和洽谈会有不少已经举办了数十年，而且规模越来越大，并获得了良好的国际声誉。在广西南宁举办的一年一度的中国—东盟博览会就是一个很好的例子。在 2004 年初次举办时，展会规模很小，但现在已成长为中国—东盟贸易、投资和服务的交流中心。它已成为中国—东盟友好和区域合作的象征。

我还想以自己的亲身经历和大家分享中国外交部在推动各国驻京外交官之间建立友谊以及帮助他们了解中国方面所发挥的重要作用。外交部组织的使节旅行，包括参观为生产出口商品而成立的内资和合资工厂，让我们看到了中国不断推进的工业化和取得的科技进步。我记得很清楚，我们 1999 年访问的一家公司就是深圳的华为，那时华为刚刚起步。

使节旅行也帮助我们了解了很多当地的文化，接触到当地人民，我发现他们十分渴望与外部世界加强接触。其中最难忘、最有意义的一次访问是在西藏自治区。在为期一周的访问中，我很高兴能够克服在海拔近3700米的拉萨可能遇到的所有健康问题。令人惊讶的是，我们发现拉萨并没有我们之前想象的那么不发达。那里有超市、百货商店，里面的商品与中国其他地方超市里的并无二致。那里的基础设施和通信状况良好。拉萨美丽和湛蓝的天空，至今仍让我难以忘却。

东盟驻华使团组织的文化活动项目也得到了中国外交部亚洲司的积极支持。亚洲司时任司长是现任国务委员兼外交部长王毅。在北京各处举办的野炊、友谊赛、晚宴都给我留下了美好的回忆。这些非正式的活动有助于加强东盟成员国和中国的友谊。当时，中国—东盟的合作与交流以及相互理解正处于持续发展阶段。

我刚到北京的时候，正值亚洲金融危机爆发。东盟成员国陷入恐慌和迷茫，各国货币受到冲击，相对于美元不断贬值。当时的中国外交部长唐家璇先生在与东盟各国大使的定期会晤中表示，相信危机终将过去，东盟各国一定会复苏。他敦促东盟团结一致，并一再向我们保证，为避免雪上加霜，中国不会让人民币贬值。中国还向一些东盟国家提供了金融贷款。唐家璇外长所作的政治表态和精神鼓励，得到东盟各国的铭记和赞赏。这体现了中国对当时身处危机的东盟邻国的真情实意。

为了进一步深化两国友谊，我还接触了中国的青年人、院士和智库专家。我受北京大学、清华大学等著名高校之邀前去开展交流。我发现学生们思维既专注又活跃。这些交流当时刚刚开始，我鼓励中方与马来西亚的大学和智库建立直接联系。今天，双方的联络和交流机制已经非常成熟。

北京外国语大学是与马来西亚关系密切的中国高校之一，特别是吴宗玉教授所在的马来语系。马来西亚的部长们甚至总理都曾到访过这所大学。北外被选为马来西亚中文教师的培训基地。我经常到这所学校参观，中国学生马来语的水平和流利程度给我留下了深刻印象。他们中的许多人现在正在中国政府各部门和企业担任重要职务。其中许多人在我

2004年5月中马建交30周年之际,两国人士在北京种下"中马友谊林"

退休后仍和我私交很好。我相信,在北外学习的中马两国学生,以及在中国各大高校学习的马来西亚学生和在马来西亚各高校学习的数千名中国留学生,都可以成为进一步推动马中友谊的催化剂。

我也记得,在我第一次拜会中国外交部时,中方提醒我中国不只有北京。他们鼓励我到其他各省和农村去,以便全面了解这个国家的发展情况。我做到了,现在我已经走遍了中国所有的省、自治区和直辖市。这让我对中国迷人的风景、古老的历史文化和现代化进程有了全面和多元的了解。

在中国的这11年让我极为难忘,因为它给予了我一段独特而宝贵的经历。我对中国及其发展愿景有了新的认识和理解。我也认识到,马中两国建立互信和信心的过程是循序渐进的。正是由于我们两国多年来展现出的承诺和诚意，才有了今天我们所看到的成就。然而，我们不应自满，因为如果我们对彼此的核心关切不敏感，那么，我们相互的善意和友谊就很容易被消磨掉。

我很幸运，能亲历并见证中国从一个贫穷、孤立的国家转变为世界第二大经济体的进程。中国过去40多年取得的成就，在人类发展史上的确是非凡的、前所未有的。中国已经并将继续为全球发展作出贡献。这对包括马来西亚在内的许多国家都是一种鼓舞。我也高兴地看到，马中友好关系发展到今天，变得更加成熟、更加牢固。正如在亚洲金融危机和新冠肺炎疫情中我们看到的那样，两国在危机中可以相互依靠，共克时艰。

我非常荣幸能够在退休后以马中友好协会会长的身份继续发挥积极作用，继续完成我做驻华大使时的使命，深化两国友谊，造福两国与两国人民。我最珍视的，是我在中国工作期间以及我退休后作为马中友好协会会长定期来访时收获到的真情厚谊。

马来西亚，后会有期

白天（中国驻马来西亚第 15 任大使）

又一次驶出使馆的朱墙红门，又一次看到高耸入云的双子塔，又一次途经车流熙攘的敦拉萨路，熟悉的街景一一闪过，我的心境却大为不同。只因今天我并非如往常一样，去洽谈工作或走访朋友，而是偕家人前往机场，即将踏上回中国的归途。一时我百感交集，万般思绪一齐涌上心头。

我同马来西亚的缘分由来已久，在中国外交部工作时就曾数度到访，但首度执节出使马来西亚三年（2017—2020 年），我格外深感"特命全权"之责任重大，自抵达起便矢志竭尽全力、夙夜在公。像此前每一任中国大使一样，推动中马友好合作是我在马神圣而唯一的使命。三年来，我经历了马政局变化、新冠肺炎疫情等挑战，但无论局势如何变化，中马友好合作始终没有变。这几年，中马两国的互信更加深厚了，我们各界的朋友更多了，合作范围更广了，合作质量进一步提高了，中马关系的韧性更强了。能够见证和经历这些发展，并为之付出心血，我可以欣慰而自豪地说，我幸不辱命。

时光如白驹过隙。转眼间我已在马来西亚这个美丽的国度工作生活了近三年，即将奔赴下个岗位。离别是人生的常态，作为一名职业外交官，我不断经历着履新和离别，每次结束常驻都充满不舍。如今即将离开马来西亚，尤其难舍眷恋。无论将来在哪里，我的心有一部分已永远留在了马来西亚。我会记得阳光照耀下熠熠生辉的双子塔，记得南北

2019年5月，中国驻马来西亚大使馆举行纪念中马建交45周年招待会

大道上川流不息的车流，记得马来西亚国庆日游行中国旗的海洋和欢庆的队伍，记得马来西亚民众温暖友善的笑容，记得马来西亚阳光、沙滩、大海的热带风情，记得马来西亚多元文化和谐共荣的迷人魅力。

我也会记得，我同马来西亚政治领袖、各界精英们畅谈中马合作时的责任感与使命感；记得我在中马"一带一路"合作旗舰项目东海岸铁路重启仪式上发自内心的欣慰和自豪；记得我在发往中国的首批冷冻猫山王整果榴莲货箱起运仪式上的激动与兴奋；记得我看到马来西亚国家动物园里熊猫兴兴和靓靓与小朋友们萌趣互动时的幸福与快乐。

我还会记得，2019年与各界朋友共庆中马建交45周年，在建交微电影《时间的礼物》发布仪式上，我和朋友们为中马友谊的感人故事动容；记得使馆首次举办开斋节"开门迎宾"，邀请穆斯林朋友做客共庆开斋，一同制作Dodol（一种主食糕点）时的香气；记得这几年在马来西亚度过"世界上最长的春节"，每每体会马来西亚特色的"捞生"，感受华社朋友对中华文化的传承与坚守。

我更会记得，中国武汉暴发新冠肺炎疫情后，马来西亚各界人士发来的"武汉加油"视频和踊跃捐款捐物、向中国雪中送炭的感人画面；记得马来西亚疫情趋于严峻后，在中国政府首批援马医疗物资交接仪式上，希沙慕丁外长感慨"我们都是一家人"时的感动与真情；记得前往吉隆坡中央医院等地捐赠物资时，马来西亚医护人员眼神中流露出的坚毅与勇敢。我已经数不清楚，在各种物资捐赠仪式上说了多少次马来谚语——"遇山一起爬，遇沟一起跨"，这句话早已深深刻在我的脑海中，这份友谊早已重重烙在我的心上。

白天大使（右二）代表中国政府向马来西亚捐赠医疗物资

1095个日夜弹指一挥间，我在马来西亚的难忘瞬间不可胜数。我要带走的珍贵记忆太多，留下的唯有感谢和感恩。正因为有无数马来西亚各界朋友的关心、支持和帮助，两国友好合作才能取得诸多成果。从致力于发展中马友好的国家领导人、政商界领袖，到热心两国民间交流的社团组织、关注研究中马关系的学者智库、宣传弘扬中马合作的传媒人士,以及哪怕只是在社交网络上为中马友好点过赞的网民……没有你们,就没有今天两国关系的友好局面;没有你们,就没有今天两国合作的累累硕果。

临别之际,我也有些忧心。当前,我们所处的世界并不太平,新冠肺炎疫情肆虐全球,民粹主义、保护主义、单边主义沉渣泛起,自由贸易和经济全球化受到冲击。但越是这样,我们越要认清和平、发展、合作、共赢是人心所向,世界多极化、经济全球化是大势所趋。幸运的是,中马在促进区域合作、维护国际贸易体系方面享有广泛、高度共识。目前中马都站在抗击疫情反弹、推进经济复苏的最前沿。我期待,中马积极探讨恢复和提振两国贸易投资、人员往来,稳定合作产业链,不断培育合作新动能。我坚信,只要两国携手而行,我们一定能够共克时艰。中马两国的互利合作,必将成为不同国家间友好交往的典范,也将为世界及地区的和平发展与稳定繁荣贡献重要力量。

拜会时任马来西亚内政部长、后曾担任总理的穆希丁

我个人作为中国驻马来西亚大使的角色即将"谢幕",但中马友好合作的精彩故事还在继续上演,并且必将高潮迭起,好戏连台。我将始终牵挂着马来西亚,牵挂着马来西亚人民,牵挂着中马友谊,继续为两

国关系贡献力量。由于日程原因,任内我未能访遍马来西亚所有州属,还有很多美景没来得及细细领略。但我相信,这并不是遗憾,而是预示着我与马来西亚之间的缘分未完待续。山水总相逢,来日皆可期。毕竟,人生旅程中我们每一次的离别,都是为了下一次更好地相逢。

马来西亚,后会有期!

从"敦拉萨路忆往"到"我所不认识的南侨机工"

朱雪松（中央广播电视总台前驻马来西亚记者）

六年前，我被派往马来西亚担任驻外记者。也许是初次出国工作，对异国事物总是充满好奇，又或许是身为记者，天性里总有些敏锐的观察力吧，我记得刚到吉隆坡时，无论驾车还是步行，总能看到很多路牌上都标示和指引着"Jalan Tun Razak（敦拉萨路）"的方向，心中不免觉得颇有些"条条大路通敦拉萨路"的意味，却不明白这条路的地位为何如此重要。

后来渐渐才听说，敦拉萨路得名于马来西亚第二任总理敦拉萨（通译拉扎克），是吉隆坡市内最繁忙的公路之一。而我本人对于敦拉萨路的情结，则是源于我来到马来西亚后的第一次采访是在敦拉萨路上的一座大厦里完成的，我的第一个采访对象正是后来被誉为"中马建交幕后功臣"的曾永森老先生。

20世纪70年代，冷战形势严峻，中国与周边邻国关系微妙。曾永森带着时任马来西亚总理拉扎克的嘱托来到中国，开启了中马外交的"破冰之旅"，为促成中马建交立下汗马功劳。与当年中美建交相似的是，中马建交也是借由"乒乓外交"达成的，曾永森也因此有了自己的绰号——"马来西亚的基辛格"。

那是一个仲夏的午后，热带雨刚过，空气里满溢着微甜的潮湿。

2014年5月,在律师事务所采访曾永森先生(视频截图)

我特意选了一盒松软可口的甜点,登门到曾永森先生位于敦拉萨路的律师事务所拜访。

坐在我面前的曾先生已经年过八十,但思维却十分敏捷,未及我先开口,曾先生主动聊起了家常。

"我的祖籍是广西北流,七八十年代的时候,每次我回广西,总要留一些钱给家族的亲戚们。后来我再回去,亲戚们却说,今时已不同于往日,我们不但不收你的钱,还专门给你准备了红包。"说到这里时,他大笑:"中国发展得太快了。过去提到世界大都会,总会想到纽约、巴黎这样的地方,但如今要是论高楼大厦,哪里又能比得上北京和上海呢。"

曾先生的谈吐儒雅中又透露出一丝幽默,马中两国建交这样严肃的大事也在轻松的交谈中变得生动、温暖起来。

1970年,马来西亚第二任总理拉扎克甫一上任,便流露出与中国建交的意愿,但一直找不到合适的机会。1971年,中国举办"亚非拉乒乓球锦标赛"并邀请马来西亚代表队赴华参赛,终于让拉扎克总理看到了希望。

当时，39岁的曾永森正担任拉扎克总理的秘书，同时他也是马来西亚乒乓球总会的会长。因为华人的特殊身份，再加上对中国的了解，曾永森被马来西亚政府寄予厚望，携带着拉扎克总理的亲笔信赴华参赛，又找机会将信件顺利地递交给了中国领导人。

"当时政府也没有交代我说，你直接提建交。所以当时我和时任中国外交部长姬鹏飞见面，我心里觉得自己好像在为自己说媒一样，但见面后不好意思直接说出'我爱你'那样的话，用了很婉转的词句表达，就说两个国家应该密切地合作。"

经过曾永森的牵线搭桥，又历经了多轮曲折的谈判，两国终于在1974年迎来了正式建交的历史时刻。同年5月，拉扎克总理受邀访问北京，马来西亚成为东盟成立后第一个同中国建交的东盟国家。

曾先生回忆说，当时他们被中国政府安排下榻在钓鱼台国宾馆，受到了友好、热情的接待。有一天傍晚，拉扎克总理和曾先生一起散步，拉扎克总理突然半开玩笑地对他说：西方世界一直在唱衰抹黑共产主义和共产党，所以我在来中国之前，多少也对共产党有一些不大好的刻板印象，但是你看我们来到中国以后，见的都是共产党员，他们又热情又友好，跟我之前想象的完全不一样，这说明我们作出了正确的选择，资本主义和共产主义完全可以合作嘛。

中马两国建交后，曾永森先后担任马来西亚房屋、地方政府及新村部长和国会上议院副主席、国会上议院主席等要职。退休后，他重拾自己的老本行——律师。凭借着自己在马来西亚各界的威望，曾永森一直致力于促进巩固马中关系发展。

后来报道播出后，我把链接发给他看。他对我们的报道表示感谢，并非常谦逊地回复说，他只不过是在对的时间对的地点做了一件对的事，担不起"幕后功臣"或是"建交使者"这么大的褒奖。

一个人将自己一生中最值得称道的荣耀汇成这样一句普通的话，曾永森先生的谦逊、淡泊让我钦佩。后来每当路过敦拉萨路时，我都会很自然地想起当年自己在这里做过的第一次采访，想起我的第一位采访对象曾永森先生，想起中马建交背后那些不为人知的故事。

如果说曾永森先生的远见和智慧为他在中马两国关系史上留下了浓重的一笔，那么在位于马来西亚首都吉隆坡以北180公里的霹雳州和丰市，另一位老人与中国的联结，则是完全出于一位华侨对祖国的赤子之心和无私的爱。也正是对他的采访，揭开了一段我所不熟悉的历史往事。

2014年12月，我受邀参加中国驻马使馆举行的"中马友谊纪念奖"颁奖仪式，席间，一位老先生在步入会场时博得了雷鸣般的掌声。在使馆工作人员和家人的搀扶下，老人从时任驻马大使黄惠康手中接过了金奖奖牌，黄大使握着他的手久久不肯放开，还紧紧地给了他一个拥抱。

他就是当时西马地区唯一健在的南侨机工黄铁魂老先生。

黄惠康大使为黄铁魂先生颁发"中马友谊纪念奖"（视频截图）

20世纪三四十年代，抗日战争全面爆发后，中国主要的对外交通运输线、工业和港口均已落入日军手中，境内紧缺能运送军需物资的卡车司机。在南洋爱国华侨领袖陈嘉庚先生的感召下，当时3000多名从事汽车驾驶和修理工作的南洋华侨参加了"南洋华侨机工回国服务团",回到中国参加抗战,为保障滇缅公路的国际运输线作出了贡献。他们就是被称为"南侨机工"的爱国华侨团体。

和所有年轻人一样,我当时对这段历史记忆非常模糊,仅在研读陈嘉庚先生的生平时有过一些粗浅的了解。是什么样的动力驱使着当时的南侨机工们不畏生死,毅然选择回国参加抗战?带着这样的疑问,我邀请时任使馆办公室秘书易晨霞一起对黄铁魂老先生进行了探访。

黄铁魂老先生的家在和丰市郊,一间铁皮屋子虽然简陋但是非常整洁。我们到访的时候,黄铁魂老先生正准备骑着摩托车去买菜。见我们来了,立即熄了火,招呼我们到屋里坐。

97岁的老人,仍然健壮硬朗,甚至能独自骑摩托车买菜,让我们惊讶不已。似乎是看穿了我的惊讶,老人的儿媳笑着向我们解释道:我们也害怕他摔倒,所以经常把摩托车钥匙藏起来,但一发现钥匙不见,老人就会发脾气,我们只好妥协交出钥匙。没办法,他开了一辈子车,现在的这辆摩托车就是他的心头肉,谁也动不得。

1938年,全面抗战已经进入第二年,中国沿海口岸和对外交通要道先后陷落,国际军援运输濒临断绝。在这种局势下,新开辟的滇缅公路成为大后方的唯一通道,而卡车司机则成为保障物资运输的主力军。当时21岁的黄铁魂还叫黄乐垣,他跟随父亲下南洋多年,一家人已经在马来半岛扎根。但是,当他从报纸上读到日军侵略中国的暴行时,血气方刚的小伙子坐不住了。

"看到日军在南京那里杀人,看见自己的国家被欺负,当时一些有老婆孩子的华人都回中国救国,我呢,还没成家,就跟他们一起回去了。"

于是,他将名字改成了黄铁魂,寓意钢铁一般的灵魂,以祈求在乱世中平安坚强,又瞒着家人悄悄地报名参加了"南侨机工服务团",从

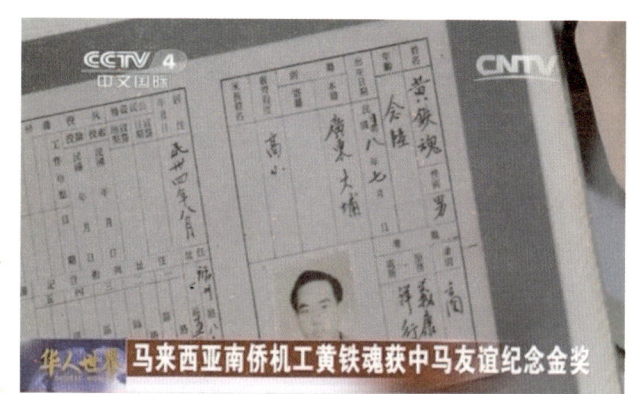

黄铁魂当年报名"南侨机工服务团"时的档案（视频截图）

马来西亚出发到新加坡，然后辗转从新加坡到广州再到昆明。自此，滇缅公路上多了一位开着卡车的小伙子，穿过枪林弹雨，为战地前线运送军需物资。

"我们会听到警报声，一拉警报我们就要疏散。"黄铁魂老人回忆，最惊险的一次，日军空袭的炸弹就落在离他十几米远的地方爆炸。虽然数次躲过轰炸的劫难，但一年之后，他在开车途中与一辆货车相撞，右腿受重伤。说到这里，他撩起裤管给我们看当年留下的伤疤。

据统计，1942年滇缅公路中断前，运输车辆有3000多辆，其中由南侨机工驾驶的车辆超过三分之一；南侨机工在滇缅公路上平均每日输入军事物资超过300吨；南侨机工中，有三分之一战死、病亡或失踪。

也许是得到了新名字的庇佑，黄铁魂虽历经战火，却平安地完成了南侨机工的工作。1942年，他返回马来西亚，在一艘轮船上做起了水手，走遍了大半个地球。

正说着，黄老先生拿起了一本相册，里面有他做水手时的照片。当时的黄老约莫二十五六岁的模样，一脸英气和桀骜，旁边是一位金发碧眼的欧美女子。

一旁的儿媳忽然打趣地问："爸爸，当时你怎么没有跟这个靓妹拍拖（广东话，意为男女恋爱）啊？"黄老笑了笑说："我那时抱着很单纯的想法——不想娶外国人。"

黄老口中"不想娶外国人"绝不是一句场面话。儿媳说，他的中国情结比天高、比海深。这么多年了，只要是媒体报道有关中国的事情，他一定要看。他最喜欢的电视频道是央视的中文国际频道，别看已经近百岁的高龄，他了解中国现在发生的一切。他知道马云，常夸马云"电脑"方面很厉害。甚至马来西亚大选的时候，全家人都去投票，可黄老先生一直执拗地说自己是中国人，不肯去投票。

听到儿媳的话，老人的神情忽然变得严肃起来。他拉起我的手，又用另一只手戳了戳自己的胳膊，斩钉截铁地说："我的血是中国的。"这时，我鼻子一酸，眼泪也流了下来，我别过头去，看见易秘书和随行的摄像师也在悄悄地抹眼泪。

我的脑海中闪过一幕幕画面：崎岖盘旋的滇缅公路上，黄铁魂和南侨机工战友们驾驶着一辆辆卡车奔走在枪林弹雨间，路途凶险，随时面临着被日军战机炸死的危险，而疟疾、事故、对家人的思念，无一不摧残着这群年轻人的心，可胸怀祖国的前途和命运，他们选择一往无前。

我为自己浅薄的历史知识感到惭愧，也为能够采访到黄铁魂老先生这样能回溯历史的关键人物感到幸运。告别之后，我一直很关注黄老先生的生活，但因工作繁忙，也只能在逢年过节时捎上自己的问候。

两年之后的一个早上，我正在香港出差，易晨霞秘书忽然传了一则信息给我：黄铁魂老先生于昨日在和丰家中去世，享年100岁。在感到悲痛和惋惜的同时，我也着手将相关的报道资料回传给了北京总部。中文国际频道《华人世界》栏目紧急制作了一则新闻短片播出，纪念这位抗日老英雄。

《诗经·秦风》里有一首《无衣》，描写秦国将士面对衣物不全的困境相互鼓励、共克难关的情景：岂曰无衣？与子同袍。王于兴师，修我戈矛，与子同仇。在马来谚语中，也有类似的表达：遇山一起爬，遇沟一起跨。

我想，我的两位受访者曾永森先生和黄铁魂先生，正是用自己的青春和智慧完美地诠释了这两首诗文，诠释了在兵荒马乱、百废待兴的年代里，马来西亚华人与祖籍国无法割舍的手足之情。

（本文图片出自中文国际频道《华人世界》栏目相关视频，由作者提供）

"猫城"不了情

吴德广（中国驻古晋首任总领事）

1993年10月18日，在中马建交20周年前夕，中国政府和马来西亚政府通过换文，达成相互设立总领事馆的协议。中国政府同意马来西亚政府在广州设立总领事馆，其领区为广东省、福建省、湖南省、江西省和海南省。马来西亚政府同意中国政府在古晋设立总领事馆，其领区为沙捞越州、沙巴州和纳闽联邦直辖区。这两个领事馆是中马两国分别在对方国家设立的首个总领事馆，对于推动和促进中马两国人民之间的友谊具有重要意义。

我于1994年3月15日被国务院任命为中国驻古晋首任总领事，当年7月14日经吉隆坡飞抵古晋履新，1998年7月任满回国。我长期从事外交礼宾工作，这是我首次担任驻外使领馆的馆长，也是我34年职业外交生涯的最后一站。我曾三进三出驻外使领馆，但唯有这座"猫城"让我最为难忘。

"猫城"——古晋

驻古晋总领馆的初始领区涵盖整个东马来西亚。2015年中国在沙巴州首府哥打基纳巴卢（亚庇）设立总领馆后，古晋总领馆的领区调整为沙捞越州（Negeri Sarawak）。沙州是马来西亚面积最大的州，总面积 124450 平方公里，总人口约 280 万，其中华人约占 24%，曾是英国殖民地。1963 年 9 月 16 日，沙捞越与北婆罗洲（今沙巴）、新加坡和马来亚联合邦共同组成马来西亚。9 月 16 日也因此成为全民同庆的"马来西亚日"。

古晋（Kuching）源于马来语，词义是猫，所以古晋别名"猫城"，它是马来西亚沙捞越州的首府。古晋地广人稀，总面积为 508.54 平方公里，人口约 80 万。猫城一派热带风光，树木向蓝天展绿羽，绿草如茵，鲜花似锦，空气新鲜。在翠绿葱茏的树木掩映中，高矮适中的古老和现代建筑融为一体；街道干净清洁，被马来西亚列为环境最佳的"花园城市"。

马来西亚沙捞越州首府——"猫城"古晋

在猫城闹市区浮罗岸路口牌楼前竖立着一座猫的塑像，是这个城市和平、吉祥之象征。在猫的塑像后面，屹立着一座古色古香的大牌楼，上端横匾镶嵌着四个中文大字——"南海瀛洲"。

我在猫城漫步，用心观察，发现这个城市几乎人人喜欢猫，也爱这美丽的猫城。猫城分南市、北市。在猫城形态各异的猫比比皆是。顺着它们的足迹，时而飘荡着人们的笑声。北市拥有世界独有的猫博物馆，参观者络绎不绝。

古晋老街道就像历史的脐带。在猫城的街道路牌上，马来文和华文名字并列，不懂马来文者，看那华文名称既亲切又容易记。按图索骥，每次我都如愿抵达目的地。猫城街名别具一格，昔日的沧桑，今日的繁华，早期土著族、华族和马来族的生活形态……都可以在那些街道名称的字里行间找到。

猫城是一座古色古香的城市，历史悠久，历尽人间沧桑。开埠已有150多年的猫城，历史上经历过文莱苏丹的多年统治。1842年，英国人詹姆士·布律克在古晋建立了"拉者"王朝。1941年被日本占领，改称"久镇"。日本投降后，古晋又沦为英国的殖民地。1963年，沙捞越加入马来西亚联邦。

古晋河滨公园里，一座近百年的建筑物像一位历史的老人屹立着，守候着沙捞越河的流逝，见证历史长河的沧桑。那座古老的建筑物就是华族历史文物馆。古晋华人称这座建筑物为"老古董"。

猫城的市区多居住华人，马来人也不少。郊区则多居住土著人，诸如伊班人、达雅人等。郊区土著人的长屋、华人的农舍、马来人的高脚屋三者融为一体，掩映在浓浓淡淡的绿色波涛之中。猫城华族与其他民族亲如一家。百年来，华族与其他民族风雨同舟、艰苦奋斗的历史成为他们共同的骄傲和财富。

建馆之庆

经过一段紧张筹备之后，我和同事以喜悦的心情迎来建馆之庆。开馆日期定在1994年8月3日，临时馆址选在古晋市古晋支路东段第五巷幸运花园340号，这是一幢双层独宅，环境清静优雅。总领事官邸则选择于总领馆旁边的郑和统帅路。

记忆篇

1994年8月3日，中国驻古晋总领事馆举行开馆升旗仪式

当天清晨，朋友赠送的色彩鲜艳的花篮不断送来，屋里摆不下，只好往临街一边摆放。花篮系着红绸带，用金色书写"热烈祝贺中华人民共和国总领事馆开馆"字样。当地华文报纸记者早上7时就来馆拍摄总领馆悬挂的国徽和总领馆铜牌。

庆典包括当天上午10时在馆址举行仪式和当晚7时30分在古晋希尔顿饭店举行庆祝招待会。当天上午10时整，客人入席，曲六章领事当司仪。他宣布开馆仪式开始后，我即邀请主宾沙捞越州副首席部长丹斯里黄顺开先生和我共同主持升旗。在国歌声中，五星红旗第一次在沙捞越的土地上升起，在蓝天上空飘扬，标志着总领事馆正式开馆。随后，专程从吉隆坡飞抵古晋主持开馆仪式的钱锦昌大使致辞，我也在仪式上讲话，主宾黄顺开先生代表州政府致辞。致辞毕，宾主用茶点。

当晚7时半，我为开馆举行招待会。招待会气氛热烈、隆重。除了参加开馆仪式的客人出席外，州副首席部长加布等重要贵宾也出席了，宾主共200余人，宴会上宾主交谈甚欢。次日，当地的华文报纸《国际时报》《诗华日报》《马来西亚日报》《中华日报》等以及马来西亚的电视台、广播电台，西马的华文报纸如《星洲日报》等都报道了中国总领事馆开馆庆典的消息。

《国际时报》报道钱大使的讲话，说中国驻古晋总领事馆开馆，就同马来西亚在广州设馆一样，是两国关系发展史上的一件大事。"中马两国同属发展中国家，在许多重大国际和地区问题上有着共同利益和相似观点，因此，中马两国应当世世代代友好下去。""马来西亚和中国发展两国之间的长期、稳定的友好合作关系，不仅符合两国人民的根本利益，而且有利于本地区的和平、稳定和发展。"《星洲日报》等报纸报道黄顺开副首席部长的讲话："中国在古晋设立总领事馆标志着马中两国友好关系正迈向一个新里程碑，沙捞越州政府十分欢迎此项发展。"他对总领事馆寄以厚望，希望增进沙捞越和中国在旅游业、工商业等方面的交流，把沙捞越的美丽景色介绍给中国人民。他相信"中国驻古晋总领馆开馆后，将能够吸引更多的中国投资家来沙捞越州投资"。中国驻古晋总领馆的建立对东马人民来说的确是一件喜事。

难忘的领事活动

开馆后，我提出小馆大服务，认真办理每件领事业务。在猫城执行领事职责活动中，有些记忆很难忘，永远挥之不去。在现代领事的职责中，总领事不仅必须照管派遣国的贸易和航海利益，而且要保护本国及其本国国民的权利和利益，增进本国与接受国之间的友好关系，促进本国与接受国之间贸易、经济、文化、科技等方面的往来，还有办理签证、颁发护照、公证和认证以及转送司法文书等大量业务。

在古晋任职期间，我曾几次高兴地应邀前往沙捞越州诗里阿曼和伦

吴德广总领事（右二）与古晋商业学校学生合影

乐、三马丹等地，参观土著族群达雅人的长屋。他们热情、纯朴、好客，热烈欢迎我们访问。

商务是总领事馆业务中不可分割的一部分。建馆半年之后，国内派来了商务领事。随后，我和他应邀参观了古晋实仁甲工业区中国机械设备进出口总公司等单位承建的古晋燃煤火电厂、中国云南公路桥梁工程总公司承包的古晋三马丹—伦乐公路，以及中国建筑材料及设备进出口公司承包的沙捞越水泥熟料厂等项目，我视察了中国技术人员的宿舍、食堂，与他们谈心，鼓励他们克服困难，保证质量，按期完成工程，为国争光。

感受州元首的中国情

开馆不久，我拜会了沙捞越州元首艾哈迈德·扎伊迪·阿德鲁斯。我们从相识、相熟到相知，友谊与日俱增，成为好朋友。4年多里，我深深感受到他的中国情。

沙捞越州元首夫妇出席中国驻古晋总领馆举行的国庆招待会

州元首德高望重，1923 年出生于沙捞越诗巫，1955 年考获英国爱丁堡大学的硕士学位；担任过沙捞越州内阁部长，1996 年受委任为沙捞越马来西亚大学第一任校长。

当得知我住在古晋郑和统帅路第二巷的美宝花园时，他便滔滔不绝地谈起郑和来。他说，古晋郑和统帅路命名是州政府决定的，它是马中友谊之象征，如同历史名城马六甲的三保庙、三保井、三保山一样，见证着历史，诉说着马来西亚与中国历史上的密切友好关系。

1995 年他为儿子和女儿分别举行了婚礼庆祝宴会，我均应邀出席，成为宴席的座上宾。每年开斋节他在官邸"开门迎宾"时，我总是外国总领事中第一个抵达祝贺者，来往十分密切。自 1995 年起，每年我馆举行国庆招待会，元首伉俪都作为嘉宾和我们一道主持切蛋糕仪式。

1998 年 8 月我离任回国前，向他作辞行拜会，双方依依惜别。两年后，我在北京获悉，这位州元首仙逝，我向其家属表示了深切悼念之情。

为华人赴华提供签证方便

开馆后领事业务繁多，总领馆认真办理颁发签证，热情为当地人服务，切实提供方便，得到好评和赞扬。很多前来办理签证的朋友说，以前他们赴华必须飞往吉隆坡中国驻马大使馆办理签证，一来费时，从古晋飞吉隆坡需要1小时40分钟；二来费钱，在吉隆坡住旅馆等候签证需要几天时间，办一次签证要花几百马币；三来携带护照也不安全。如今在古晋办理，免了很多麻烦。

这里常常有人临时决定赴华探亲访友或参加奔丧嫁喜，有的急于赴华求医看病，尤以福建籍的华裔为多。他们常常在休息日、假日来馆敲门办签证，我们都热情开门迎宾。除了办理签证外，其他诸如公证、认证，业务也不少。尤其是华人朋友赴华旅游和寻根谒祖者大为增多。"寻觅梦中故土，寻根谒祖成为我心中不解的情结。"这是他们的心声。例如1997年10月中旬，沙捞越晋汉斯省大埔同乡会"探亲寻根团"一行39人参加世界大埔联谊会，同时对祖居地进行寻根谒祖访问。一位华人朋友说："寻根谒祖乃是极具深远意义的活动，借此活动，发扬饮水思源、慎终追远的精神的同时，更可缅怀祖先功德及其创业之艰辛，均有利于华裔同胞奋发图强，积极参与祖籍国的建设。"赴华旅游、寻根谒祖蔚然成风。

1997年10月，砂拉越（通译沙捞越）晋汉斯省大埔同乡会"探亲寻根团"访华。

留得根脉在，何愁春不来？文化的根脉不断，民族的元气就在，民族的精神就长存。无论老年同胞还是年轻一代的华人朋友访华，寻根谒祖，对于海外华族文化根脉的伸延和发展都有着深远的意义。

"猫城"的"刘三姐热"

1995年10月4日，电影《刘三姐》主演黄婉秋率领的刘三姐艺术团一行21人应古晋福星机构董事长王长福之邀，抵古晋开始在东马一个月的演出。"刘三姐"一行从香港抵古晋当天，我和夫人前往机场迎接，并在朋友赠给我馆的国庆花篮中挑出最鲜艳、最美丽的胡姬花等做成花束，送给"刘三姐"。

"刘三姐"在古晋演出，华人几乎家家户户购票观看，马来族、土著族朋友也纷至沓来。在猫城，艺术团演出了传统曲目山歌对唱、《多谢了》、《采茶歌》以及歌舞、小品等节目，内容丰富多彩，深受华人朋友欢迎，场场满座。首场演出时，沙捞越州政府叶金来助理部长以及古晋南市市长宋瑞源等贵宾出席剪彩，我也应邀出席，并出席为刘三姐艺术团举行的宴会。沙捞越州政府副首席部长黄顺开还亲切会见了"刘三姐"和"阿牛哥"等。古晋演出5天，共11场，场场座无虚席，剧场过道也临时加席位。为了满足观众的要求，艺术团决定加场。艺术团的成功演出，成为当地演艺界的盛事，处处掀起"刘三姐热"。

"刘三姐"每到一处，男女老少都热烈欢迎。艺术团马不停蹄，奔波于泗里街、诗巫、民都鲁、米里、哥打基纳巴卢、山打根、斗湖等东马20多个大小城镇，共演出80余场。"刘三姐"就像一位民间友好使者，走到哪里，就在哪里传播友情。我对刘三姐艺术团演出成功表示祝贺，并感谢这位民间巡回大使的贡献。

故地重游之幸

在猫城度过的四年多美好时光,留给我很多美好的回忆,也结识了众多的朋友。记得 1998 年 8 月 25 日我们夫妇举行离任告别招待会,约四百名朋友冒雨出席。我在招待会上致辞感谢各位朋友的协助和支持,并以"海内存知己,天涯若比邻"的古话期望友谊地久天长。次日,我们夫妇依依不舍离开古晋,经吉隆坡回国。

2003 年 11 月 7 日,我随北京马来西亚归国华侨联谊会访问团访问沙捞越州,有机会故地重游。时任沙捞越州元首敦·沙拉胡丁获悉我随团访问,专门予以会见。

11 月 8 日上午,访问团在陈士平总领事的陪同下,前往州元首府。抵达后,州元首高兴地会见访问团,并与我亲切握手。访问团团长何访拔先生告诉州元首,访问团成员大部分人出生于马来西亚,20 世纪 50 年代回中国学习或工作,如今他们大多已离退休了,这次他们很高兴回到第二故乡参观游览。州元首听后很高兴,表示热烈欢迎访问团到马来西亚参观游览、探亲访友。他说,马来西亚和中国有着深厚的传统友谊,友好往来源远流长。

百年槟城世纪情，中马友谊添新辉
——中国驻槟城总领事馆开馆往事

吴骏（中国驻槟城首任总领事）

2015年12月22日，中国驻槟城总领事馆举行开馆仪式。伴随着庄严雄壮的国歌，在时任中国驻马来西亚大使黄惠康、驻古晋总领事刘全、驻哥打基纳巴卢总领事陈佩洁等的见证下，我缓缓地将五星红旗升起。槟城，这座位于马六甲海峡西北端、具有悠久文化历史、被誉为印度洋明珠的"东方花园"美丽岛屿上，迎来了中华人民共和国的外交机构和代表，这也标志着槟城和北马来西亚地区与中国数百年的友好交往历史开启了崭新的篇章。

2015年12月22日，中国驻槟城总领事馆开馆仪式

记忆篇

驻槟城总领事馆的领区辖北马来西亚的4个州,即:槟城州、霹雳州、吉打州和玻璃市州,领区北接泰国、南达首都吉隆坡。槟城亦称"槟州",是马来西亚13个联邦州之一,位于马六甲海峡的西北部。整个槟城州被槟城海峡分成两部分:槟岛和威省。槟岛西部隔马六甲海峡与印尼苏门答腊岛相对。槟城是位居首都吉隆坡和南方贸易门户新山市之后的全国第三大城市,槟城港是马来西亚第二大港口。槟城州经济发达,曾以"电子制造业基地"享誉全球,经济形态主要以贸易、工业、旅游业及农业为主。槟城州以多元文化和谐发展著称,马来族、印度裔和华裔和睦而居,其中华裔人口占40%以上,是马来西亚华人占比最高的州。槟城首府乔治市中心有一条著名的"和谐街",在不足三百米的街道上,华人观音庙、印度神庙和清真寺依次矗立,各族商贩和游客流连于琳琅满目的商品和美食中,堪为不同民族和宗教和谐相处共生共荣的典范。

2016年2月,吴骏总领事(右三)与槟城华人社区共度丙申猴年春节

槟城与中国有着悠久的交往史,数百年来结下了深厚的情缘。槟城传统上被华人称为"槟榔屿",明代永乐年间《郑和航海图》中,就有槟榔屿的地理标注,这是在中国以外唯一600年来仍然沿用航海图上的

华文名称的地方。据史载，明末清初时，已有大量中国福建、广东等沿海地区的人士沿郑和航海路线移居至此，在此开荒拓岛，安身立命，从事农业、渔业和少量海上贸易。1786年，英国东印度公司的莱特船长航海至此，将其占据为英海外殖民地，以英国王子命名该岛，在岛上修建炮台等军事设施。因当时岛上居民不多，莱特与岛上华人首领合作，从中国招募来大量移民，进一步开发槟榔屿。由于槟城扼守自西向东进入马六甲海峡的要冲，因此成了英国拓展远东贸易的海上重要支点，华人也更多地开始从事工商和贸易业。

清末，大量同盟会和革命党人士聚集此地，依托华人强有力支持开展革命活动。孙中山先生数度赴槟榔屿，并客居两年多，组织"槟城阅书报社"，创办中文《光华日报》，开办新学堂。1910年，孙中山先生在槟城主持"庇能会议"，与黄兴、胡汉民等议决策划并指挥了黄花岗起义，即辛亥"三·二九"广州起义。值得一提的是，清朝虽然于1892年任命南洋华人首富张弼士为驻槟榔屿领事，但是张弼士看到了清政府的腐败无能，转而支持并暗中资助革命党活动，并在辛亥革命成功后，响应孙中山先生号召回国兴办实业。张弼士在槟城的豪宅，俗称"蓝屋"，建筑非常壮观，巧妙融合中西文化风格，令人印象深刻。1995年，"蓝屋"被修复成展览馆，成为今天槟城的地标建筑之一。

二

2014年底，我受命出任驻槟城首任总领事，适时赴槟城组建和设立总领事馆。经过前期准备工作，2015年7月初，我和建馆小组人员抵达槟城，甫一到任即受到当地政府、侨界和媒体代表的热烈欢迎，令我们深为感动。在机场，我代表工作组对各方的热情欢迎表示感谢，积极评价了当地侨胞为中马友谊和当地经济社会发展所作贡献。我表示，此次出任中国驻槟城首任总领事，深感责任重大、使命光荣。总领馆将致力于促进中国与领区的友好合作，积极为华侨华人和当地民众提供相关服务，期待着与领区各界一道，推动中马全面战略伙伴关系向更高水平发展。

建馆工作是繁重、复杂的，既要立即开展对外交往，拜会各界人士，与各方保持密切接触交流，参加各种官、民活动，又要拓展和借助各种资源，寻找合适的馆址。槟城乔治市于2008年被联合国教科文组织评定为世界文化遗产，所有建筑都受到严格的保护，当地政府也有严格的法律法规，这为我们寻找和确定馆址增加了难度。工作小组住在酒店开展工作，往往是白天四处考察各种建筑，晚上出席当地活动，回到酒店继续研究讨论白天考察的情况。大家都只有一个愿望，就是尽早确定馆址和开馆办公，完成国家交予的光荣任务。槟城的各界朋友给予了大力的支持和帮助，不断为我们提供各种房屋建筑信息。几个月时间里，工作组考察过的地方不下百处，也接触到各界友好热心人士。让我印象至深的是，当地一位老侨领尤先生，眼中噙着热泪、拉着我的手说："300年来，我们此地的华人一直盼着祖籍国政府派代表来，帮助我们在当地发展，也加强我们同祖籍国的联系。"这番话，代表了当地华人社会的心声，也成为工作小组努力开展工作的动力。

槟城州是马来西亚独立后，唯一一个始终由华人担任州政府首席部长（州长）的联邦州。我到任后即正式拜会了马来西亚民主行动党秘书长、槟城州州长林冠英。林州长对我们的到来表现出极大的热情，除热烈欢迎外，还当即指示州政府各部门全力支持和保障总领馆的建馆工作。我与林冠英相识于博鳌亚洲论坛，不期然如今到他所辖州属组建中国总领事馆，不由感叹世间机缘。我和林州长在日后的工作中，一直保持着密切的合作，建立了真挚的友情。直到我离任回国前一天，林州长仍与我长聊惜别，他也将于次日赴吉隆坡就任内阁部长，我俩互相致以真诚

2016年10月,与槟城马中商会共庆中国国庆,
槟城州州长林冠英(右五)出席

　　祝福,这些是后话。在槟城州政府、州议会等的鼎力帮助下,我们建馆工作的各项程序一路通畅,效率倍增,为我们确保完成年内开馆的任务目标打下了坚实基础。

　　槟城州有700多个华人社团组织,其中较大、具有代表性的有槟州中华总商会、华人大会堂、福建会馆、潮州会馆、各姓氏宗祠联委会等,皆是有百年历史的老华社。在这些华社友人的热情帮助下,我们的建馆工作顺利推进。槟州中华总商会名誉主席丹斯里陈国平先生是马来西亚德高望众的著名侨领(丹斯里是由马来西亚最高元首向社会卓越人士授予的荣誉封号,显示极高社会地位)。在我们建馆工作期间,陈先生不顾年事已高,放下自己的家族产业,不仅指派商会里的年轻侨领李先生直接配合我们工作,还因担心我们情况不熟遇到困难,每每亲力亲为,亲自帮我们出谋划策、解决问题,要把建馆工作做到尽善尽美。甚至在我们举行开馆招待会的当日中午,陈先生因担心招待会交通和停车等细节问题,还专程找我商量解决方案,并当即利用其影响力,协调警方将酒店前道路临时改为单向行车，联系友人将酒店附近的空地开放作为临时停车场。陈先生的这种赤诚之心令我们工作组成员心中的感激之情难以言表。

槟州华人各姓氏宗祠联委会主席叶谋通先生是第二代华人，为人热情坦诚。在得知我们即将赴槟城建立中国总领事馆的消息后，叶先生即通过友人传递信息，愿将其住所无条件提供给总领事馆使用。叶先生生活在一个大家庭中，家中儿女共居，子孙满堂，其乐融融。叶先生的家宅位于槟城较中心的区域，属于闹中取静的地方，日本、泰国、印尼等国的总领事馆均在附近。经过认真考察和对比，叶宅确为比较理想的馆址。叶先生表示，如果能选择他的家宅作为总领馆馆址，将是其家庭和华社的无上荣耀。当我们最终确定租用其宅后，叶先生兴奋无比，坚持无偿提供，经再三协商后，才勉强同意我们以比周边价格低得多的租金租用。在槟城，工作组遇到很多这样热情友好的华人朋友，不胜枚举。

三

在各方大力支持和协助下，建馆工作快速有序推进。驻马来西亚大使黄惠康全程指导、亲自部署了各项工作，为槟城总领馆的顺利开馆给予了坚强有力的保障。除听取工作组赴吉隆坡汇报工作进展外，黄大使还亲赴槟城，现场指导有关工作，并与当地政府和各界友人联系，有力推进了建馆工作进程。2015年10月，黄大使再赴槟城，在检查各项工作情况后，最终确定开馆日期定在12月22日，即中国传统的冬至节。开馆当日，在馆里举行升国旗仪式，同时由黄大使开通总领馆网站，标志着中国驻槟城总领事馆正式对外办公。

12月22日晚，总领事馆在槟城温布利酒店举行隆重盛大的开馆招待会。槟城州等北马四州的政府领导、议会政要、驻槟使节以及各界友人逾1500人出席了招待会，人数规模远远超过了所发出的请柬。槟城州州长林冠英和马来西亚政府代表甘尼森对中国总领馆正式开馆表示热烈欢迎和祝贺，高度评价中马友好关系，期待总领馆能够积极促进领区各州与中国在经贸、文化、教育、旅游等方面的交流与合作，表示愿意为总领馆开展工作提供便利、支持和协助。槟城华人社会和学校组织了文艺表演，展示了当地各民族的文化艺术。

仪式上，黄惠康大使代表中国政府宣布中国驻槟城总领事馆开馆并致辞。黄大使指出，进入新世纪以来，中马两国高层互访频繁，政治互信不断增强，经贸合作持续深化，民间交流蓬勃开展，在国际和地区事务中密切协调配合。习近平主席2013年对马进行国事访问，两国建立了全面战略伙伴关系。李克强总理上月访马，掀开了两国关系新篇章。中国在槟城开设总领事馆是中马关系快速发展的见证，将进一步促进领区四州对中国的了解和认识，为两国关系发展和地方交流合作提供新的机遇、注入新的活力。

2015年12月22日，中国驻槟城总领事馆馆舍正式启用

访问槟城卓越华文独立中学——韩江中学

我代表总领事馆致答谢词,感谢马外交部、领区州政府及各界友好人士对建馆工作的大力支持。北马地区是"21世纪海上丝绸之路"的重要节点地带。中国设立驻槟城总领事馆,是中马全面战略伙伴关系不断向前发展、双边关系在经历了"黄金四十年"后迈向更高发展阶段的又一具体体现,也表明中方高度重视中马关系,将积极推动同北马地区发展长期稳定的友好交往与互利合作。总领事馆将尽职履责,积极推动双方在各领域的友好交往,致力于成为增进北马地区与中国相互了解的窗口、促进双方互利合作的桥梁、联结双方人民友情的纽带。

随着驻槟城总领事馆的设立,中国同北马地区的传统友谊得到了进一步巩固和加强,友好交往合作也日益密切,并不断取得丰硕成果。如今,中国驻槟城总领事馆正在加强中马全面战略伙伴关系、推进"一带一路"建设中发挥着日益重要的作用,同时致力于维护和发展槟城与中国的百年情缘,让槟城这颗印度洋上的明珠更加熠熠生辉。

人物篇

> 汪红柳：矢志不渝的马中友好推动者
> ——记马来西亚前上议长阿布·扎哈
> 王春贵：我与马来西亚领导人的交往片段
> 陈凯希：你侬我侬中华情
> 古润金：在中马往来中丰富人生
> 林福山：我和中国驻马来西亚大使馆的一段缘
> 赵光明：我和我的马来西亚朋友们
> 张晓卿：东南亚"报业大王"与中国的故事

矢志不渝的马中友好推动者
——记马来西亚前上议长阿布·扎哈

汪红柳（中国前驻马来西亚使馆政治处主任）

我于2013—2017年在中国驻马来西亚大使馆政治处工作。由于工作关系，我和我的同事们经常与马来西亚各色政治人物打交道，其中包括马来西亚国家领导人、执政联盟领袖、国会议员、联邦政府和各州政府官员。我们的普遍感受是，"马中一家亲"的炽热情感在马来西亚政界根深蒂固，而令我印象最深刻的是前上议长丹斯里阿布·扎哈。这是一位和蔼可亲的长者，更是矢志不渝的马中友好推动者。

阿布·扎哈是马来西亚资深政治家，曾于2010—2016年担任马来西亚国会上议院议长。在长达近40年的政治生涯中，他一直积极致力于促进马中友好交流与互利合作，特别是在担任上议长这6年间，他与中国领导人建立了深厚的友谊，为两国建立全面战略伙伴关系作出了积极贡献。

2014年3月12日，中国驻马来西亚大使黄惠康履新拜会阿布·扎哈时，就得到了如同家人般的热情接待。当时马航MH370客机失联事件刚刚发生4天，中马两国政府正在全力组织搜救，两国民众都心系机上乘客安危，极度担忧焦虑。阿布·扎哈阁下首先向黄大使表达了对马航失联客机中国乘客家属的深切慰问和关心，感谢中方给予的信任和协助。他饱含深情地说，危难见真情，希望马中同舟共济，共渡此次难关。

他的话语令在座的中国使馆外交官深感安慰。

会见中,阿布·扎哈回忆起此前访问中国的美好体验,并展示了珍藏的攀登长城的照片。他表示,中国是伟大的国家,马中传统友谊源远流长。2014年是两国建交40周年的重要年份,双方今后应建立更紧密联系,不断深化政治互信和各领域交流合作,以建交40周年为契机,继续推动两国关系向前发展。

2015年5月,阿布·扎哈(前排左三)再次访问北京,登上八达岭长城

会见结束,扎哈上议长同黄惠康大使共同会见了记者,针对马中关系和大家关心的马航失联事件作了友好表态。之后,上议长还亲自陪同黄大使来到国会下议院现场,观摩议会运作。许多国会议员和在国会工作的其他人员就这样第一时间结识了新任中国大使,增进了对中国的亲近感。

担任上议长前，阿布·扎哈就曾三次访华。之后，他与中国全国人大和全国政协的交往更趋频密。2012年9月，阿布·扎哈首次以马来西亚上议院议长身份赴华出席由中国人民争取和平与裁军协会主办的国际和平日纪念活动暨中国—东南亚和平发展论坛。同为议会领导人，他与时任中国全国人大常委会委员长吴邦国经常利用双多边会晤的机会，就两国关系交换意见。2013年1月，两人再次相逢，共同出席在俄罗斯符拉迪沃斯托克举行的亚太议会论坛。当时，阿布·扎哈阁下主动提及两国关系的定位问题，并认为中国与东盟关系必将迎来更美好的未来，马中此前确定的战略合作关系应该更进一步。

阿布·扎哈在符拉迪沃斯托克亚太议会论坛期间会见吴邦国委员长

2013年2月，阿布·扎哈上议长邀请时任中国全国政协主席贾庆林访马。贾庆林表示，中马既是相互信任、相互支持的真诚朋友，也是平等互利、合作共赢的可靠伙伴。中国全国政协和马来西亚上议院保持着良好合作，这是两国关系的重要组成部分。双方应加强各个层面的交流，为两国战略性合作关系增添新内涵，为两国关系发展作出新贡献。阿布·扎哈表示，马中理念相通，友谊深厚，合作紧密。他再次提出希望两国以建交 40 周年为契机,将双边关系提高到新水平。

当年 10 月 4 日,对马来西亚进行国事访问的习近平主席与纳吉布总理就新形势下全面推进中马关系深入交换意见,达成广泛共识,决定将两国关系提升为全面战略伙伴关系。这离不开包括阿布·扎哈阁下在内的两国各界友好人士的共同努力。

2015 年 5 月,阿布·扎哈阁下应中国全国政协主席俞正声邀请正式访华。两人在北京会见时,俞正声说,中马是隔海相望的友好邻邦,两国友谊源远流长。中马建交以来,两国关系经受住了国际风云变幻的考验。2014 年两国隆重庆祝建交 40 周年,不久前习近平主席和纳吉布总理在博鳌成功会晤。希望双方继续加强高层交往,深化战略互信;扩大利益融合,加强在基础设施建设等方面的合作;大力推进人文交流,夯实民意基础。中国全国政协高度重视同马来西亚上议院的友好关系,愿进一步密切双方人员往来,就治国理政、参政议政等开展合作交流。阿布·扎哈表示,马中两国友谊深厚,希望加强与中国的互利合作,不断深化两国全面战略伙伴关系。

这是一次意义深远、内容丰富的访问。中国国务院总理李克强也会见了阿布·扎哈上议长。李克强总理表示,中马是好朋友和好伙伴,中国政府高度重视发展同马来西亚的友好合作关系,愿同马方加强政府、议会、政党、民间等交往,深化各领域务实合作,共同致力于维护地区和平、稳定与发展,实现互利共赢。中马都将发展作为第一要务。中方愿同马方加强发展战略对接,助力各自经济发展。中国经济发展已处于工业化中期,在许多领域拥有充足先进产能,愿同马方开展产能合作。双方在铁路、公路、电力等基础设施建设方面也拥有广阔前景。李克强强调,东盟是中国周边外交的优先方向。中方乐见东盟早日建成亚洲第一个次区域共同体,希望马来西亚在担任东盟轮值主席国期间,为推动中国—东盟战略伙伴关系发展作出新贡献。

Di depan masjid di China dan terdapat lebih 50 juta umat Islam di negara tersebut.

2015年5月,阿布·扎哈参观西安大清真寺和大慈恩寺

阿布·扎哈表示,马中关系很好,两国高层交往频繁,各领域合作不断拓展。马方愿进一步加强两国交流与合作,增加人文交往,促进两国人民间相互了解,把两国关系提升到更高水平。马中都致力于维护地区和平稳定。马方赞赏中方积极加强与东盟的关系,中国与东盟可在经贸、文化、教育等领域进一步深化合作。

阿布·扎哈阁下还前往西安访问,参观了西安大清真寺和大慈恩寺,促进了两国宗教交流与多元文化互鉴。

阿布·扎哈上议长任内曾多次出面接待我全国人大、政协、地方代

表团访马。他与中方的每一次会见交流都温馨愉快。他多次表示，马中关系正处于历史上最好的状态，希望双边关系能够在正确、温和的轨道上进一步发展。这是有感于当时极端主义思潮所发。他又说，马中都致力于维护地区和平稳定，都相信只有和平可以带来发展。马来西亚愿积极参与"21世纪海上丝绸之路"建设，进一步深化与中方在各领域的务实合作。

令我十分难忘的是，2015年4月18日至21日，由中国浙江省委书记、省人大常委会主任夏宝龙率领的浙江省代表团访马。访问期间，原定赴马来西亚皇宫谒见马最高元首哈利姆，作为2014年9月最高元首访问杭州的回访，但会见活动因哈利姆元首抱恙而临时取消。这是浙江代表团此访中预定的唯一一场高层会见活动。代表团希望能够拜会其他马来西亚领导人，但临时约见十分困难。情急之下，黄惠康大使便直接打电话给阿布·扎哈阁下，希望他能出面会见夏宝龙书记一行。当时，扎哈上议长正在哈萨克斯坦访问，将于20日上午返抵吉隆坡。让人惊讶的是，扎哈阁下对中方代表团会见请求欣然应允，只是希望将会见安排在20日下午，以便他在长途旅行后有时间稍事休整。会见中，宾主双方交谈甚欢。扎哈阁下转达了马来西亚总理对浙江代表团的问候，希望以此次访问为契机，进一步密切马来西亚与中国的经贸往来和民间交流，加强人文、教育、旅游等领域的全方位合作。

还有一次，应马来西亚全球温和运动基金会的邀请，中国全国政协副主席韩启德于2015年6月28日至30日访问马来西亚。其间，阿布·扎哈在吉隆坡国会大厦会见了韩启德副主席一行。当时正值穆斯林斋月，双方事先约定会见时不上茶水和点心。但让代表团和使馆接待同事意想不到的是，会见后，阿布·扎哈上议长在议会餐厅为代表团特别安排了欢迎午宴，并亲自出席作陪，自己则滴水未进。此等友情令中方全体成员深受触动。

阿布·扎哈与担当主宾的马来西亚交通部长廖中莱
（右二）一起出席中国使馆春节招待会

2017年10月，黄惠康大使辞行拜会阿布·扎哈上议长

回望过去，感人的时刻难以计数。阿布·扎哈阁下对中国使馆的活动总是有求必应、大力支持，他曾经多次主动出席使馆举办的国庆招待会等重大庆典活动。根据惯例，每次大型活动的主宾都是由马来西亚外交部协调安排的，通常由一位政府内阁部长担当，其他高于部长的政要和前政要，即使收到邀请一般也不亲自出席。但是，在中国大使馆举办的国庆招待会等重大活动中，多次出现更高级别嘉宾莅临的场面，其中阿布·扎哈阁下的出席频率最高。记得黄惠康大使在其辞任演讲中特别提到："上议长丹斯里阿布·扎哈不但参加了我到任后举办的所有重大庆典活动，还随时在使馆需要时伸出援手，是我们大家都十分尊敬的挚友。"

阿布·扎哈阁下总是强调，正如马来西亚将中国视为好伙伴，他本人也将中国历任驻马大使视为老朋友。每位中国大使到任和辞行拜会时，他都亲切接见。2017年10月，已经卸任的阿布·扎哈阁下会见了即将离任的黄惠康大使。两人共话友情，依依惜别，展望中马关系更加美好的未来。

阿布·扎哈阁下曾说，中国正在改变整个世界，并在引导全世界朝着更加积极的方向发展。他对马中在经贸、投资等各领域务实合作取得更丰硕的成果充满期待，并将始终关心和支持马中关系发展，深信马中之间特殊的友好关系将持续向前发展，历久弥坚。

我与马来西亚领导人的交往片段

王春贵(中国驻马来西亚第 10 任大使)

一

我于 2004 年 4 月出任中国驻马来西亚大使。到任后头一件大事就是庆祝中马建交 30 周年。马方出席庆典的是时任副总理兼国防部长纳吉布。在贵宾室落座后,我们进行了亲切交谈。我称赞 30 年前他父亲、时任总理拉扎克阁下以非凡的勇气和远见卓识率先同中国建立外交关系,翻开了中马关系历史新篇章,也开启了中国与东盟国家关系的新纪元。纳吉布回顾说,其父排除国内外阻力,于 1974 年 5 月远赴北京,进行了一次破冰之旅、一次播撒理解和信任种子的友好之旅,与中国建立了友好外交关系。这个决定表明,我们把中国视为朋友而非敌人、同事而非对手、伙伴国而非敌对国。看到今天马中关系的紧密程度,我们更确信这是一个充满智慧且极具远见的决定。这次见面,我和纳吉布交谈甚欢,大有一见如故之感。

王春贵大使与时任马来西亚副总理纳吉布出席中马建交 30 周年庆典

二

到任伊始，我展开一系列拜会活动，重点是结识马内阁成员和对中马关系作出贡献的华界大佬。其间，我了解到，曾任马国会上议院主席的华人职业律师曾永森，早年深得纳吉布父亲拉扎克总理的赏识，基于其马来西亚乒乓总会会长的特殊身份，1972年后他多次受委对中国进行不公开访问，在双方领导人之间牵线搭桥、传递信息，为推动两国建交立下汗马功劳。他因此和纳吉布家人结下不解之缘。通过曾永森的联系，我特意去拜访了纳吉布的母亲拉哈诺雅。会见时，纳吉布在场。拉哈诺雅感谢我一上任就来看望她，深情地回忆了随丈夫访华的经历，讲到会见毛主席、周总理以及受到中方热情款待时，激动之情溢于言表。我借机向她转达了中国领导人的问候，以及我个人对她的敬意，并欢迎她故地重游，再次访华。她欣然接受，十分兴奋。这次见面使我和纳吉布个人及其家人结下了友情，也使我对周总理关于外交人员要"不忘老朋友"的教诲有了深切的体会。

王春贵大使（后排左二）与敦·拉扎克总理遗孀拉哈诺雅（前排中）及其家人和朋友合影

三

此后，我和纳吉布保持接触，在各种场合见面时经常就两国关系的话题进行探讨。就在两国建交30周年庆祝活动期间，巴达维总理正式访华，双方发表《联合公报》，一致同意推进两国战略性合作。既然是战略性合作，双边关系就要有实质性的提升。多年以来，包括马来西亚在内的东盟国家都奉行"安全靠美国，经济靠中国"的策略，能否解除对中国的疑虑，如何看待南海问题，双方能否扩展军事领域交往合作等，就成为我和纳吉布探讨的重点。纳吉布说，始于宋朝的马中友谊，以贸易为基石，更因一些中国人落户马六甲海峡而拥有了血脉联系。正因为如此，他父亲决定与中国建交也属情理之中。关于南海问题，他认为这是一个复杂问题，这种问题马来西亚与其他邻国之间也有，但不是不可解决的，相信两国政府能够通过现有机制，以友好协商方式解决双方分歧。纳吉布对于两国军队加强交流合作持积极态度。2005年9月，纳吉布访华，两国签署了《防务合作谅解备忘录》。当月，马派员来华观摩我军事演习。12月，温家宝总理对马进行正式访问，双方发表了《联合公报》。其中特别强调："推进两国国防安全领域的磋商与合作，扩大两军交流。双方积极评价两国国防部今年9月签署的《防务合作谅解备忘录》，同意在此谅解备忘录框架下尽早启动中马防务安全磋商机制。双方还表示愿积极探讨军工军贸合作。"2006年4月，中国国务委员兼国防部长曹刚川访马。5月，中国人民解放军总参谋长助理章沁生少将率团访马，双方举行了首次防务磋商。通过这些军事交往，中马关系有了实质性的提升。

2005年7月5日，郑和下西洋600周年纪念活动在马举办，我和巴达维总理一起出席开幕式并讲话。我指出，郑和七下西洋，多次驻留马六甲，从而翻开了中马关系史上光辉灿烂的一页。郑和是中马两国深厚友谊的奠基人和见证人。只要我们继承和发扬敦亲睦邻的"郑和精神"，中马将成为永远的好邻居、好伙伴和好朋友。巴达维总理在致辞中说，郑和带领庞大的中国舰队到访马六甲，不是为了征服马六甲或推行霸权主义，而是为了开展友好交往和互利贸易。这为马中人民友好关系奠下了良好基础。马中关系是战略性的、牢固的、互惠的。纳吉布也表示根

王春贵大使（左一）与巴达维总理共同出席郑和下西洋600周年庆典活动

本不相信"中国威胁论"。他指出，要说中国有称霸全球的野心，那么早在600年前郑和下西洋时代就把东南亚"通吃"了。

四

纳吉布2009年4月出任总理，5月即以总理身份访华，庆祝中马建交35周年。连任后，又于2014年访华，在北京人民大会堂当年周恩来总理和拉扎克总理签署建交公报的大厅出席庆祝中马建交40周年活动。我以前驻马大使的身份应邀参加了这两次重要活动，亲眼见证了纳吉布推进中马关系大发展承前启后、一以贯之的思维脉络。纳吉布在致辞中表示，40年前，我的父亲拉扎克总理毅然来华进行"播种之旅"，播撒下相互理解和信任的种子。他来到北京，来到人民大会堂，同周恩来总理签署两国建交公报，开启马中关系新篇章。所以，今天我站在这里，不仅肩负总理的职责，也深感对父亲的责任——继承他的遗志，深化马中关系。目前，在中国与东盟范围内，马中互为最大的贸易伙伴。马中之间的留学生数以万计，我的儿子也去到中国求学。我坚信，马中两国的友好关系恒久不变，在未来不仅是好朋友，还是共同追求和平与繁荣的好伙伴。

王春贵大使向马来西亚最高元首西拉杰丁递交国书

2013年，习近平主席对马进行国事访问，将两国关系提升为全面战略伙伴关系，规划了两国关系未来的发展方向。纳吉布期待马中保持各层级沟通，扩大双边贸易，促进相互投资，鼓励双方互设金融机构；加强两军、科技、执法、教育、旅游、人文等领域交流合作；并愿积极推动中国—东盟关系发展，推进区域合作，促进本地区和平、稳定、繁荣。

2016年，纳吉布以总理身份第三次访华期间，向中国企业家介绍了马来西亚位于东南亚核心地带的地理优势，表示马来西亚是中国"一带一路"倡议最坚定的支持者，将在交通、旅游、贸易、港口、教育和工业领域为中国企业创造大量机遇，愿充当中国企业开拓其他东盟国家乃至中东穆斯林市场的枢纽。在他主政期间，中马钦州产业园和马中关丹产业园全面启动；马来西亚东部铁路、"大马城"等重大项目交由中国公司承建。中国已连续12年是马来西亚最大贸易伙伴，马来西亚连续多年是中国在东盟最大贸易伙伴，中国游客人数在各地访马游客中排名第一。纳吉布多次感叹道，中国是马来西亚的真朋友和战略伙伴，他一定要继承父业，致力于推动马中关系不断迈上新高度。

2006年在我任期届满离任之前，纳吉布的母亲特意设家宴为我送行，其家人的热情款待着实让我有一种"中马一家亲"的感觉。

你侬我侬中华情

陈凯希（马中友好协会永久名誉会长）

新中国成立以来，中华民族快步走在伟大复兴的道路上。在政治、经济、文化等各个层面，中华民族正努力创造另一个辉煌的汉疆和唐土，也正全力构建共生共存的大同世界。今天，新中国屹立在地球的东边，红旗招展之下，中华民族展现出百年来从未有过的自信与自豪。我有幸见证中国这几十年的丕变，从一穷二白的穷国，蜕变成今天全世界第二大经济体。这个波澜壮阔的征程，足以写入我人生最有意义与价值的篇章。

2014年5月，陈凯希（左一）获颁"中马友谊之星"纪念奖章

悲壮岁月练丹心

我于1937年5月3日出生在马来亚柔佛州的居銮,祖籍是福建省安溪县。两个多月后的7月7日,卢沟桥事变爆发,中国人从此经历了长达8年的全面抗日战争。1941年的圣诞节前夕,日本军队偷袭珍珠港,太平洋战争爆发。次年,日军从马来半岛东北端的哥打巴鲁登陆,半岛沦陷,马来亚人民也经历了惨痛的3年8个月战争生活。这期间,我随着父母在逃难与饥饿中度过了刻骨铭心的童年。日军投降后,英国人再度回来殖民统治马来亚,并与争取独立的抗英军队爆发冲突,马来亚陷入紧急状态。1948年前后,英国实施移民政策,强逼华人从郊区迁入铁丝网围绕的新村内生活,管制民众的出行。我的父亲是一名教师,因强烈反对英殖民统治而遭拘捕,1950年被遣返中国。隔年,母亲迫于生活压力,携带弟妹回到福建省安溪县老家与父亲团聚。我独自留在柔佛州居銮,大姐则在新加坡,那年我只有13岁。我初中二年级就辍学,开始流浪式的生活,曾在橡胶园割过胶、罐头厂削过黄梨(菠萝),摆地摊、修自行车等几乎各种活儿都干过。

童年的苦难经历,激发了我强烈的反殖民及反帝国主义思想。我走上了政治斗争的道路,组织和参加学生运动,后来在柔佛州新山加入劳工党,成为柔佛分部受薪秘书,后来从分部秘书升任总部副总秘书,并任社会主义阵线副总秘书。1960年和1964年新山市议会选举,我两次当选为新山市议员。1963年,社阵主席阿末布斯达曼被捕,我和社阵人士在1965年2月13日组织争取人权日的抗议大会,但在游行前被拘捕入狱8年,直到1973年才获释。

诗人郁达夫在《乱离杂诗》中说:乱世桃源非乐土,炎荒草泽尽英雄。身处这个乱世,经历这种历练,培养了我坚强的社会主义信念。政治斗争曾让我身陷牢狱,但我结交了一生肝胆相照的知己好友;商场的运筹帷幄让我成就企业规模，与中国结下密不可分的友好关系。

脱出牢笼入商海

1965年的政治狱，摧毁了我的政治前途和人生最珍贵的岁月。走出黑狱，阳光下的我虽然一无所有，但我眼前看到的是我可以拥有得更多！1975年，我和一些朋友筹集马币16.8万林吉特，在巴生成立了海鸥企业有限公司。这个滨海城市华人众多，是经营中国商品重要的市场。我从这里跨出第一步，与中国建立起贸易联系，也开始结下我的中国情缘。

海鸥开业后，零售中国成药、药材和日用品，经营一年就出现亏损，一些股东要求退股。但是我认为，经营中国商品是正确的大方向，只是公司必须改善经营方式。所以我买下退股股东的股权，决心在逆境中奋战。

1974年5月31日，马来西亚与中国建立外交关系，政府与政府之间开始交往，民间仍然不相往来。海鸥经营中国商品，遇到诸多限制与不便，但我坚持信念，不改本意，克服各种限制与难题，坚持销售中国中药和药酒。

1978年，海鸥取得蚕蛾公补酒经销权；1979年，栈桥牌灵芝酒和羊城牌巴戟酒的经销权也落入海鸥手中。此后，海鸥不断获得更多的商机。1326年在天津创设、长达近700年历史的金钟牌五加皮酒，也成为海鸥企业经销的一大亮点。1979年以来，海鸥与中国浙江塔牌绍兴酒有限公司携手合作，至今超过40年。

40年前，海鸥与中国山东烟台的张裕集团缔结策略伙伴关系，开始阶段式引进灵芝酒，后来成为东南亚最大的张裕葡萄酒及其他酒类产品经销商。

2001年，海鸥与北京同仁堂实现强强合作，在马来西亚携手联营中医药事业。次年8月26日，海鸥与同仁堂合资的北京同仁堂（马）有限公司在吉隆坡太阳大厦隆重开业。这家百年药业老行尊的经营理念与海鸥集团不谋而合，本着同修仁德、济世养生的经营理念，在马来西亚插旗扎根。至今，海鸥和北京同仁堂以联营方式，分别在吉隆坡、八打灵再也以及槟城设立了三家分店。

我在商场上最满意的成就，不是海鸥的业绩和个人成就，而是拥有一群长久以来并肩作战、惺惺相惜、不离不弃的老战友、好兄弟、老员工和直销业务的友族情。

2002年，我们把握时机将业务延伸到陌生的直销领域。我始终认为，直销是非常公平的运作模式，多劳多得。海鸥的直销业务，是企业的重头业务，不但契合扶持友族发展经济的国家政策，更是促进种族交融团结的重要纽带。在海鸥直销业务的拓展与成长中，马来友族扮演了核心的角色，不少友族在直销领域崛起，成为成功的企业家。许多因直销业而致富的马来商人常说："没有海鸥就没有今天的我。"他们响彻云霄的口号是"海鸥是我一生的选择"。我却总是认为，"没有他们就没有今天的海鸥"。两大族群彼此互相感激，展现了马来西亚的多元化以及华裔和马来民族的密切关系。

乌斯曼阿旺全民团结奖

1969年的"5·13"事件是马来西亚建国以来最严重的种族冲突，是马来西亚人民最惨痛的经历，是国家种族融合的缺憾。马来西亚是一个多元种族、宗教和文化的国家，多元的特质既是马来西亚的魅力所在，却也是国家许多矛盾的导因。我参与政治斗争的过程中，与许多友族并肩为社会主义斗争，彼此肝胆相照。我们彼此有很深的了解和影响，更坚信唯有华族和其他各个种族和谐相处、相互了解，才能够消除不必要的误解与纷争，才能确保国民的团结与和谐、进步与繁荣。

2013年，我捐出100万林吉特予马来西亚华人大会堂总会（以下简称"华总"），设立"乌斯曼阿旺全民团结奖"。乌斯曼阿旺是马来西亚伟大的爱国诗人，和我一同创设马中友好协会，我们拥有共同的信念，坚决推动国民大团结。

2014年12月14日，"乌斯曼阿旺全民团结奖"举行第一届颁奖典礼，两个组织及8名社会人士因为在推动全民团结与种族和谐方面的卓越表现而获得表扬。我们希望透过这个奖项，鼓励国人及团体为全民团结付出努力，让全国各族人民一同迈向更加团结及美好的未来，并协助消除和摒弃日益膨胀的一元种族、文化、宗教与政治思维。

马中友好协会

2001年，时任中国国家主席江泽民访问马来西亚，当时的总理拿督斯里马哈蒂尔在马中友好协会主办的欢迎宴会上致辞时说："马来西亚人民对中国的关怀，并非是偶然的，也不是几年前才发生的。从古代以来，我们就已经开始建立商业与文化的交往。"

他指出："当华裔南迁并定居马来西亚时，尤其是20世纪末期，马来西亚种族与社会背景，就因为华族与当地人民的交往而起了一些变化。华族传统文化被接纳成为马来西亚其他民族生活方式的一部分，丰富了马来西亚社会文化的特征。"

我正是怀着这样的情怀而与一班热心人士设立这个促进两国关系

1994 年 11 月 12 日，陈凯希（左一）在吉隆坡参与接待江泽民主席

的组织。马中友好协会 (PPMC) 于 1992 年 12 月 4 日成立，宗旨是促进和鼓励马来西亚与中国人民之间的谅解、友好以及热爱和平的精神，同时协助政府加强两国双边关系，增进各族人民之间的感情。

马中友好协会的第一任会长是马来西亚国家文学奖获得者拿督乌斯曼阿旺博士。他于 2001 年 11 月逝世后，由拿督蔡国治出任代会长。2003 年，拉惹古玛医生当选为第二任会长。2005 年 4 月，马来西亚前驻华大使拿督马吉德被选为第三任会长。

我和现任会长马吉德的渊源，是一个长篇故事。1999 年 8 月，总理马哈蒂尔访问中国，出席庆祝马中建交 25 周年的"马中友好之夜"活动。

身为马中友好协会的秘书长，我与当时担任马来西亚驻华大使的马吉德结缘，这一缘分一直维系到今天，我们成为共同为马中友好奉献力量的伙伴。

马吉德于1998—2005年间担任马来西亚驻华大使,他长达7年的任期是历任驻华大使的最高纪录——一般大使的任期在4—5年。在北京的短暂相处中,马吉德大使对中国的认知令我非常敬佩,当时我心里就盘算着邀请他在任期届满之后,回国担任马中友好协会的会长。

马吉德是非常开明的马来政治精英,对中国的了解相当透彻。未到中国担任大使之前,他就认定中国绝不是池中物,未来的发展必定震惊世界。改革开放以来,中国的发展真正应验了他的看法。担任驻华大使的7年里,马吉德几乎走遍全中国,目睹中国在各个层面上展现强大的发展潜能,也看到这个经济体的飞跃成长。他还筹划了马来西亚驻华大使馆的建设,并且与中国人民建立起深厚的情谊,北京对他而言有着不可割舍的情缘。

马吉德很乐意接受我们的建议,但接棒工作却"好事多磨",马中友好协会等了4年,才迎来这位和我站在同一个战线上的长期战友。

2001年,拿督乌斯曼阿旺不幸逝世。我们原本寄望马吉德刚好可以任满回国接任,岂料他的大使任期继续延长,好不容易才在2005年接下这一棒。

马中友好协会成立以来,致力于促进马中两国人民的相互了解并提升友谊至更高的层面。身为协会秘书长,我积极配合各方面人士,推动马中之间的社会、文化、教育、青年和体育活动及两国人民之间的交往。这个组织也在马中经贸合作方面扮演桥梁角色,促进与中国的贸易、投资及经济联系。

这些年来,马中友好协会完成了许多促进两国友好的重大事宜,鼓励更多中国企业来马投资,深化两国原已非常密切的关系。我们也促成两国政府打造"两国双园"的友好计划,分别坐落在布城和东莞植物园区的马中友谊园,正是协会努力的成果。

2016年8月,我和会长拿督马吉德率领千人代表团访问北京。在时任中国驻马来西亚大使黄惠康博士的大力支持和中国人民对外友好协会协助之下,安排所有团员搭乘北京到天津的高铁,体验中国速度。代表团此行获得中国人民对外友好协会、中国铁路总公司、天津人民对外友好协会的隆重接待。

2018年,马中友好协会更获得中国驻马来西亚大使馆的信任,拨款资助推动青年交流计划。至今,马中友好协会已经促成超过100名大专院校青年访问中国,包括安排友族青年领袖访问陕西西安、宁夏,增进其对中国穆斯林的了解。马中友协通过这个长期促进两国新一代相互认识与了解进而建立友谊的计划,树立了更高和更深层次的地位与影响。

马中总商会

1985年,我和同业发起"马中医药保健品商会"并出任会长。之后,应社会大众的要求,1990年另注册成立"马来西亚中国商品进出口商公会",为非官方、非营利、多元种族的独立民间团体。1993年,我担任两届会长之后,该商会易名为"马来西亚中国经济贸易总商会"。2014年,该组织再度易名为"马来西亚—中国总商会"。

马中总商会旨在促进马中两国经贸发展与投资合作,加强组织与马中政府机构及民间工商团体的联系等。马中总商会在国内各州设有9个分会,在全国拥有1800个企业会员,涵盖贸易、制造、金融、农业、旅游、教育、房地产、咨询等行业。马中总商会还成立"青年企业家委员会"等,肩负团结青年、培养新领导层及协助推广会务等重任。

马中总商会在推动马中经贸发展中扮演的桥梁角色日益重要,在互动频繁的良好态势下,除了接待来自中国各省市的代表团,也在两国主办、协办或参加商品展览会、经贸及投资洽谈会与交易会，例如广交会、中国—东盟博览会等。2002 年，马中总商会首创"中国—东盟合作论坛"。2011 年起，每年主办"马中企业家大会"，并于 2014 年、2016 年和 2018 年三度跨出国门远赴中国厦门、成都和南京举行大会，在促进马中经贸合作方面发挥了重要作用，得到各界高度认可。

马来西亚华人医药总会

中医药是中华民族的文化瑰宝，是中华民族赖以强身健体、延年益寿的重要宝典，是人类与疾病斗争的智慧结晶。

马来西亚华人医药总会（以下简称"医药总"）自 1955 年成立以来，不遗余力推动中医药在马来西亚的发展与推广。医药总在创立后的数十年里，为中医中药界争取合法权益并致力于提高中医药的学术水平，包括：为中医药界争取中药进口免税；创办马华医学药学院，与外国各大中医药大学和学院联办中医药课程；制定中医药公约和中药商公约，呼吁各属会会员遵守医德商德，维护中医药界声誉；颁发中医师证书；筹建会所，供总会行政之用；主办两届东南亚中医药学术大会，并受卫生部委任进行全国中医师注册工作。医药总还向政府争取对中药进口的税务措施，减轻国人购买中药的负担。作为经销中药及药酒的商人，我在 2013 年被推选为医药总的总会长，连任两届，任期 4 年。

马来西亚陈嘉庚基金

"中国的希望在延安"，这是陈嘉庚对毛泽东的评价，更坚定了他对抗日战争胜利的信心。这名祖籍福建厦门集美的爱国华侨，少年时期漂洋过海到新加坡协助父亲做生意，后来成长为大企业家。1937年，抗日战争全面爆发，他在新加坡组织南侨总会，筹赈支持祖国抗日，三年间筹获超过4亿元和大批物资药物送给前线的战士。

1939年，陈嘉庚组织3200多名机工到滇缅公路，抢运中国抗战急需的战略物资，这批南侨机工写下中国抗日历史上重要的血泪篇章。新中国成立后，陈嘉庚出任华侨联合会主席，1961年8月逝世。中共中央主席毛泽东以"华侨旗帜、民族光辉"表扬陈嘉庚的伟大贡献。

陈嘉庚在二战期间引领民众救国，体现了崇高的爱国情操。他说的"天下兴亡，匹夫有责；身家可以牺牲，是非不可不明"深深感动了我。1993年，我跟随总理马哈蒂尔第二次访华。代表团结束官方行程后，我特地飞往云南与"云南昆明南侨机工联谊会"接触。尔后，马中友好协会于1995年组织"荣归之旅"，安排16位南侨机工幸存者56年后重踏马来西亚国土，办图片展和讲座，引起很大的社会回响。1999年我筹组"99云南友好"之旅，来自马、新、中三个国家的300多人代表团，连同19名南侨机工及家属，参加"赤子功勋"纪念碑追悼大会和南侨风（诗歌舞）晚会。

2011年6月，在陈嘉庚先生逝世50周年之际，我与拿督陈友信发起成立马来西亚陈嘉庚基金。随后获得丹斯里拿督斯里林玉唐与拿督张润安的支持，我们四人成为陈嘉庚基金成立之初的董事。马来西亚陈嘉庚基金于2013年4月获得注册并正式成立。同年10月6日，设于吉隆坡暨雪兰莪中华大会堂三楼的纪念馆开幕，这是马来西亚乃至东南亚第一座以陈嘉庚为人物主题的纪念馆。馆内长期展示陈嘉庚的生平事迹，另配合"先贤交辉"常年特展，免费向公众开放。

从2014年开始，陈嘉庚基金相继成立"陈嘉庚文化中心委员会""陈嘉庚纪念馆""嘉庚学堂"，设立"陈嘉庚精神奖"，共同致力于策划

2017年2月3日,马来西亚华总向陈凯希(左五)赠送"嘉庚精神"荣誉牌匾

展览、举办学术与推广活动、培养人才、支援教育工程等,以实际行动来落实与弘扬嘉庚精神。除了迎来各地参观者,基金工作人员还走出纪念馆,到各地巡回展出陈嘉庚的生平事迹。2020年7月,来自东南亚、中国内地及香港的8个与陈嘉庚相关的团体组成"陈嘉庚基金联谊会",获批成立并"落户"香港,为发扬嘉庚精神、进一步壮大国际慈善事业迈出历史性的一步。

我一生崇尚和平,极度反对战争,早年见证马来西亚这片土地受到日本侵略者的蹂躏,内心的痛一直不能释怀。陈嘉庚毕生为国为民、反战救国,树立起堂堂正正中国人的伟岸形象,其爱国爱民的情操一直感染和影响着我的为人处世。

2017年,我在80岁生日时捐献100万林吉特给华总,作为全民团结基金。时任会长丹斯里方天兴等人专程到海鸥集团总部，颁赠"嘉庚精神"牌匾给我，这不但是我个人的荣耀，更激励我要继续做得更好。

40 余年马中情义重

海鸥企业自成立以来就依靠中国货品开门做生意。今天，海鸥集团发展成为一家上市公司。我总是感恩中国货品成就了今天海鸥的企业版图。

1991年，中国华东发生大水灾，海鸥义不容辞捐献10万林吉特，又举办千人宴筹获10万林吉特，是单一公司中捐献最多的。1992年，捐献10万林吉特作为马中友好协会筹组基金。1995年，云南发生地震，海鸥筹获款项25万林吉特。2007年11月10日，捐助北京外国语大学马来语研究中心10万林吉特。2008年，我以个人名义捐献10万林吉特，海鸥也捐献20万林吉特援助华南抗击雪灾。同年，四川发生大地震，马来西亚华团在吉隆坡举办筹款赈灾晚会，这场由海鸥主导的大型筹款活动总共筹得700万林吉特，其中海鸥集团捐献100万林吉特，我个人也捐助10万林吉特。2010年，中国青海玉树发生地震，海鸥也发扬雪中送炭精神，捐助10万林吉特。

2003年非典暴发，东亚一带的大城市几乎与世隔绝。随着世界卫生组织宣布中国香港为疫区，游客和商家纷纷却步。

第93届中国广州春季交易会揭幕日子迫在眉睫，时任中国驻马来西亚大使馆商务参赞张应文呼吁大家镇定，因为广州采取了有效的卫生保障措施。但是，由于疫情严重，采购商仍然把持不定，犹豫不决。但我拿定主意毅然如期赴会。

2008年5月30日,马来西亚华团举行中国四川汶川地震筹款赈灾晚会

　　疫情影响下的广交会,外商人数确实比往届少。中国出口商品交易会副主任胡楚生得悉我到广州,安排了热情的接待,还叫来副总经理黄惠冰和几位经理如王凌珍、马国勤和李德为等陪同,殷殷致意,吩咐务必照应我的要求。这一年,我也有机会在广州交易会第6号贵宾室举行"马来西亚市场交易会",为马来西亚做宣传。

　　2014年,马来西亚与中国建交40周年,总理拿督斯里纳吉(通译纳吉布)于5月底率领300人代表团前往北京和西安官访6天,民间团体也举办了多样活动,庆祝这个意义深远的日子。马中友好协会也在北京举办庆祝马中建交40周年晚宴,总理拿督斯里纳吉和中国东盟协会会长顾秀莲出席了这场盛会。

我和海鸥集团配合这个别具意义的纪念日,赞助及支持3项文化艺术活动,分别是5月27日开幕的"马中永恒友谊图片展"、6月23日及24日在吉隆坡举行的中国厦门大学《黄河大合唱》音乐会,以及10月6日与8日分别在吉隆坡和马六甲两地举办的中国东方歌舞团演出。

过去40余年,我与海鸥、海鸥与中国,是你中有我、我中有你的关系。过去几十年,见证中国站起来、富起来到强起来,身为炎黄子孙,我感到无比的荣耀与自豪,我身虽不在华夏,但我以中华为荣!

在中马往来中丰富人生

古润金（马中友好协会署理会长）

"一定要回祖籍国（中国）的家乡发展。"而今我已年过花甲，每每想起父辈的嘱托，仍百感交集。

我是马来西亚第三代华裔。为了谋生，祖辈、父辈们漂洋过海，远赴马来西亚落地生根。时光飞逝，凭借炎黄子孙吃苦耐劳的精神，我的家族在马来西亚日益壮大，乡愁也愈发浓烈。直到20世纪90年代，我终于回到了祖籍国。踏上故乡热土的那一刻，我便知道，我要留下来。从此，祖籍国中国和马来西亚串联起我的人生轨迹。

故乡，这么近那么远

马来西亚是一个多民族、多语言，有着多元文化的国家，华人是马来西亚的第二大族群。能存在如此庞大的华人群体，可想而知，马来西亚与中国的联系自是源远流长。

从古代海上丝绸之路开通时起，无数华人将茶叶、陶瓷、丝绸，经福建、昆仑国（古代印度尼西亚和马来西亚一带），最终运达欧洲，让海上丝绸之路繁荣了几个朝代。百余年前，大量的华人到马来西亚闯荡，将饮食习惯与风俗也带到这里。他们在这里安家落户，与本地居民和睦共处，逐渐融入本土生活。

从离开家乡、踏上异国起，乡愁就在华人中绵延不休。家乡的味道和风俗成了最后的精神寄托，被世代传承。街边百年前由华人建造的洋楼，仿佛诉说着华人往日的奋斗和光荣。

1959年，我的出生给乡愁又添了一份浓。小时候，乡愁是祖父和父母回忆里的"苦日子"。20世纪初，我的祖父离开故乡中国广东中山，漂洋过海来到马来西亚"奔生活"，靠做苦力艰难度日。直到新中国成立，才让身居海外的我们挺直了腰杆。即便日子依旧清苦，但背后却有了正在日益强大的祖籍国的支持。也是从那时起，乡愁成了长辈一句句的嘱托，故乡成了我必须要回去的地方。

然而，当时读小学的我还无法理解回到故乡的意义，毕竟从中山到马来西亚，我们一家人还没有摆脱苦日子。为了减轻父母负担，我每天6点起床，7点前就要将一大捆报纸挨家挨户送到订户手中，挣几个铜板贴补家用。

少年时代的我，梦想能拥有一辆摩托车，这样就可以多跑些地方，多送些报纸，多挣几个铜板。也是在那个时候，我从报纸上读到了孙中山先生的故事，童年记忆、故乡中山和一代伟人的事迹与精神，就此重叠，影响了我的一生。

小时候，父母便告诉我，家乡出过伟人孙中山先生。即便相隔千里，孙中山先生在海外华人华侨中一直享有很高的声望，我们全家也因是中山人而感到骄傲。而我生活的马来西亚，与孙中山先生也有不解之缘。马来西亚槟城是孙中山先生早年从事革命活动的重要根据地，"九次革命，五到槟城"。中国近代史上有着深远影响力的黄花岗起义，就是在槟城酝酿谋划而成。

时空交错，故乡变得这么近，却又那么远，在我脑海里留下了深深的烙印。这份烙印，不止于地缘亲切，更是精神上的鼓舞与共鸣。孙中山先生"天下为公"的博爱、奉献和互助精神,成了我日后事业发展的重要精神支柱。每每遇到困难挫折,我都会想起先生屡败屡战的坚强意志和百折不挠的进取精神,然后重新振作,继续前行。

回家,圆梦

1974年,马来西亚在东盟国家中率先同新中国建立外交关系,翻开了中马关系的新篇章,开启了中国与东盟国家关系的新纪元。之后,在马来西亚,我听到了越来越多关于中国的消息,了解到改革开放的春风让广东成为开放前沿。同期,马来西亚与中国关系也取得新发展,马来西亚政府放宽华裔返回故乡寻根问祖的限制。

我不曾想到,远在马来西亚的"小我"的命运,会在中国改革开放的时代大潮中被改变。彼时,我已走向社会自谋生计,经过十几年的打拼,事业小有起色,也积攒了一些存款。我始终没有忘记父辈的嘱托:如果赚到了钱,一定要回中国的家乡看看。终于,1990年3月,我随马来西亚中山同乡会恳亲团,踏上了魂牵梦绕的故土。

古润金会长回乡寻根问祖

辽阔的土地，古老的文化，热情的乡亲，到处彩旗飘飘的热闹景象，飞速发展的故乡经济……一切都既陌生又似曾相识，我至今难忘。

或许这就是故乡的魅力，游子归来就不想离开。我下决心要回报祖籍国，回乡创业。家乡便成了我梦想开始的地方。

1994年，我回到家乡广东省中山市，与事业伙伴在中山市创办了完美（中国）有限公司。之所以取名"完美"，因为世上本没有完美的事物，但我们以此为目标，不断追求，直至接近。我的人生，也由此翻开了崭新的一页。

万事开头难，初回中国创业时，我也曾"水土不服"。由于中国和马来西亚两国国情不同，我不仅要适应新的市场变化，还要学习相关政策和法律法规。当时获取信息资讯的渠道还很单一，办事都依靠纸质材料，光是签字盖章跑流程就让我十分苦恼。

惆怅之际，我得到了"贵人"相助。广东省及其下属中山市的职能部门，尤其是侨务部门给了我极大的支持和帮助，让我少走了很多弯路，更感受到了乡亲间的热情友好。

带着几辈人的乡愁回到祖籍国，创业又逢天时地利人和，于我而言，更需发愤不能懈怠。我和我的伙伴骑着自行车走街串巷，希望生产出真正有益的产品。

没多久，我们发现内地家庭很少用沐浴露，大多数酒店、家庭都是用肥皂，于是我们决定做日化产品，把沐浴露推广到国内，并逐渐扩大业务范围至健康食品、小型厨具、化妆品、保洁用品及个人护理品等大众消费品，服务于国民的健康和美丽。

所有的成功并非偶然，除了十足的努力，还要顺应社会需求。在这片故土创业兴家的梦想始终支撑着我们，一路走到今天，一砖一瓦终成大厦，企业取得了长足的发展。

变的是企业的规模，不变的是初心。从完美公司创办以来，我们就向社会和消费者许下了"三个不变"的承诺：为消费者提供优质产品及服务的理念不变；为完美创业伙伴提供事业发展机会的理念不变；坚持在中国投资、长远发展的理念不变。

正如改革开放经历了风风雨雨一样，完美公司这一路走来，也并非风平浪静。无论是行业转型还是金融风暴，在企业最困难的时候，我们依然对中国充满信心，相信同胞互助友爱的血脉亲情，更相信中国共产党、中国政府的智慧，相信我们祖先生活过的这片红色热土。

近30年间，完美公司从扎根在中山的一棵小树苗，成长为一棵大树，在祖国把根越扎越深。因为同根同脉，我和我的伙伴、员工们有着一致的文化认同，企业逐渐形成了继承和弘扬中华优秀传统文化的"根文化"。

诚信是中华民族延续千年的传统美德之一，也是完美公司的核心价值观之一。因为文化和精神的传承，让完美伙伴和员工跨越了地域、背景和经历的差异，形成了精神共鸣，为了共同的梦想而奋斗。

每年完美公司都会开展研学活动，组织员工和合作伙伴到东盟国家交流学习，去得最多的国家就是马来西亚。来到这里，大家都有一个共同感受，就是华人气息浓郁，大街小巷随处可见中国文化和特色元素，让人流连忘返。

"心走近了，海峡就是咫尺。"这是第七届海峡论坛上，时任中共中央政治局常委、全国政协主席俞正声说过的一句话。每当看到伙伴和员工与马来西亚原住民和侨胞互动，这句话都会涌上我的心头。

俗话说，远亲不如近邻。历史承载着中马两国深厚的渊源，从海上丝绸之路到如今的"一带一路"，中马两国的友好往来不只是国家层面的合作共赢；从经商贸易到人文交流，从政府到民众，这是民心相通的必然趋势，每个身处其中的个体，都能成为促进中马民间友好的积极力量,让两国友谊发展得越来越牢固,更经得起考验。

再出发,为共同的明天

从前车马很慢,无数华人的乡愁被山川大海阻隔;后来我早上从中山出发,中午便可在吉隆坡吃饭。从前一封越洋电报可谓"家书抵万金";如今只要手机一开随时随地可以无时差"云聊天"。

科技数字化的迅猛发展,在中国尤为突出。从最初几百平方米的小工厂,到现在的数字化生产基地,完美公司实现研发、采购、制造、物流、销售、服务一体化的高质量发展。我本人和完美公司所收获的成果,其实有不少"取之于社会"。我的下半生,也因此有了新目标——再出发,回馈于社会。我深谙,"科技兴邦,实业兴国"的背后是教育先行、人才先行。教育的重要性和对人命运的改变,我本人更是深有体会。

小时候,我就读于马来西亚的华文学校,所有的书本学费基本要靠社会爱心人士捐助,尤其是华人捐助。靠着助学金、奖学金完成学业后,我才有了回归故乡创业的底气和资本。自1997年在延安捐建第一所完美希望小学起,至今我们已投入超1.1亿元人民币,在全国各地捐建100多所完美希望小学。教育是送给孩子最好的礼物,我们希望,让教育改变孩子的一生,甚至改变一个村庄。

2019年,我在暨南大学发起成立"古润金丝路基金",希望帮助更多的马来西亚学子圆自己的祖籍国大学梦。同年,33名马来西亚学子成为第一批获得"古润金丝路基金"资助的学生。基金的设立吸引了越来越多马来西亚学子来华求学,使得暨南大学近年出现了马来西亚学子报读的小高潮。

完美公司向中国华文教育基金会捐资

  我希望让乡村的孩子靠教育走出大山，走向广阔世界；让远隔重洋的游子回到祖籍国，亲近中国文化，享受更优教学资源。我相信"走出去"和"走进来"的孩子增长了学识，也会成为中国文化交流的使者，让中国传统文化沿着孩子们的足迹发扬传承。

  在文化传承、扶贫扶智领域的多年深耕，让完美公司践行社会责任的步伐更加坚定。今天的完美公司在追求企业稳健发展的同时，坚持"取之社会，用之社会"的公益理念，在中国捐资总额逾8亿元，已经形成捐建希望小学暨发起希望教师工程、推广母亲水窖、倡导无偿献血、参与慈善万人行、支持华文教育、推动禁毒事业等公益体系项目，全力促进"华人世界和谐共进"。

作为海外华人，我为中国如今的崛起感到自豪，更欣喜看到中国闪耀的未来。2019年岁末，由共青团中央、中国青少年发展基金会举办的"托起明天的太阳——希望工程实施30周年报告会"在北京举办。我从会上得知，全国希望工程30年来已累计接受捐款150多亿元，援建小学2万余所，资助家庭经济困难学生590多万名。

公益慈善事业的发展水平，是一个国家文明进步的重要标志，中国特色公益慈善事业发展之路正越走越宽。完美公司和我个人也有幸在会上获得"突出贡献者"殊荣。此外，从2008年起，我曾先后七次获得中华人民共和国民政部颁发的"中华慈善奖"荣誉。

每一座奖杯是荣誉也是鞭策，每一次社会认可是完满总结也是新的开始。在我眼中，慈善不是理性，而是一种义务、一种精神，我有责任传承下去。我很喜欢"舍得"这个词，简单二字里充满了人生处世的辩证法。有所舍必有所得，舍的越多得到的也就越多，我要用这两个字鞭策自己更努力，创造更多社会价值。

"一带一路"建设为沿线国家提供了难得的发展机遇。这中间，经济合作固然重要，教育合作也意义深远。华文教育关系着中华文化在海外的传承，也有助于增强区域间文化的交融，促进中外民心相通，扩大互利共赢的合作基础。

学好中文、用好中文，对6000万华侨华人意义重大、影响深远。作为华文教育最直接的受益者，近年来我通过完美公司向中国华文教育基金会捐资1.21亿元，用以发展海内外华文教育。

捐助资金所投入的华裔青少年中华文化传承（夏、冬令营）、华文师资培养工程、传统节庆文化拓展工程、暨南大学校区建设、东盟留学生运动会、"知行中国"等项目，成为华裔青年了解中国文化的窗口。我希望孩子们能在最好的年纪，好好品味中华文化，讲好中国故事。

最近几年,参与社会公益事业占据了我大部分的时间。我本人也担任了马来西亚一中和平统一促进会会长、马来西亚—中国公共关系交流协会会长、马来西亚—中国友好协会署理会长、马来西亚中国文化艺术协会会长等社会职务。

身份越多,责任越大。在促进两国文化交流中,坚决拥护祖国统一是根本。2016年,马中文化艺术协会、马中友好协会和完美公益文化传播基金联合主办了"时间的船——2016马中文化交流艺术盛典";2018年,央视中秋晚会首次走出国门,设置海外分会场,其中一个分会场就设在马来西亚吉隆坡。这些跨国的大型文化艺术活动,展现了马中两国在文化、艺术、旅游、公益等领域的交流发展。我作为马中文化艺术协会会长,在其中牵线搭桥,为活动筹备提供了支持。

"文化中国,四海同春"在马来西亚吉隆坡演出

在我看来，实现"一带一路"所倡导的区域共通共荣，文化交流扮演着举足轻重的角色。我希望能尽自己所能，充分发挥文化的桥梁、引领作用，向世界讲好中国故事，让不同文化共融发展，促进中华优秀文化加快步伐"走出去"，助力"一带一路"建设落地开花。

2020年，新冠肺炎疫情肆虐全球，也未能隔阻中马的亲密联系。面对疫情挑战，中马双方从官方到民间，都互相支持、共克时艰，在疫情的不同阶段伸出援助之手，通过分享抗疫经验、支援防疫物资等，传递了双方患难与共的情谊，也传递了战胜疫情的信心和力量。

我也通过完美公司向湖北省武汉市等疫情严重地区捐款500万元人民币，向马来西亚政府捐赠100万只防疫口罩，并通过马来西亚广东会馆联合会发起筹款活动，捐助广东省慈善总会，支援广东抗击新冠肺炎疫情。马来西亚各地广东会馆和侨胞快速响应，成功在8天内筹得60万林吉特，让我深切感受到中马一家亲。

完美公司向马来西亚政府捐赠100万只防疫口罩

疫情之下，中国制度的优越性和中国精神的伟大力量获得了国际社会的认可。中国政府充分动员全社会资源，能够在短时间内迅速实现全国上下一致的团结，以举国之力打赢"防疫"这一仗，这是一般人想象不到的。

后疫情时代，"一带一路"和健康中国、数字中国的建设，自贸区、粤港澳大湾区的规划布局，让前路更加宽广。新基建浪潮的蓬勃兴起，也为中马两国未来在数字经济、"互联网＋经济"和电子商务领域的互联互通与务实合作提供了更多的可能。

中马推进全面战略伙伴关系，给两国民众带来更多工作机会和优质商品，也让两国分享到贸易交往的红利。交通便利了，科技发达了，沟通交流突破时空局限，两国就走得更近了。

中马建交四十多年来，中国已成为马来西亚最大游客来源国，两国在政治、经济、人文、安全等领域的务实合作都在顺利推进，尤其是两国经贸合作在"一带一路"倡议和国际产能合作两大抓手的推动下实现了全方位、跨越式的推进。

在双方共同努力下，中马全面战略伙伴关系正大踏步迈入新时代，迈向更高水平、实现更大发展。两国关系不断收获累累硕果，纤纤小树如今已长成参天大树，枝繁叶茂。

身处其中的我们，既是投资者，也是受益者；既是共建者，也是共享者。对于华侨华人来说，应该积极调整，紧抓这个利国利民的好机遇，争当新一轮对外开放的排头兵和创新发展的先行者，通过与住在国不同群体保持良好的联系，将"一带一路"打造成文明交流、国家合作的和平通道和友谊桥梁，进一步促进中华文化在丝路沿线各国遍地开花。

"志不立，天下无可成之事。"心中有信仰，肩上有担当，脚下才会有力量。为我们共同的明天，再出发！

中国和马来西亚的故事

我和中国驻马来西亚大使馆的一段缘

林福山（马来西亚福建社团联合会会长）

我和中国驻马来西亚大使馆的缘分，需从 1979 年说起，当年的我才 22 岁。由于父亲拿督斯里林木生当时承建了中国驻马来西亚大使馆的项目，修读土木工程系的我有机会参与这个项目并更深一层地了解中国。记得当时承建该项目时父亲曾经说过："我们必须以最好的、最优秀的技术来完成这个项目，哪怕亏本，也要好好完成，决不能丢中国的脸，也不能让马来西亚丢脸。"这段特殊的经历，让我深深体会到父亲对祖籍国的热情，并影响我至今。

2017 年 3 月，应邀列席中国全国政协十二届五次会议

2017 年 3 月 3 日至 13 日，经中国驻马来西亚大使馆推荐，受中国全国政协邀请，我赴北京列席了中国人民政治协商会议第十二届全国委员会第五次会议。这对我来说是人生的另一个高峰。在这 11 天的旅程里，

我学习良多，也见识到祖籍国的伟大。我见证的不只是一个国家的强大，也是一个民族的强大。海外华人都因中国和平崛起而骄傲。

  这些年，中国驻各国大使馆在中国与世界的联系上起到了非常关键性的作用。就以我熟悉的中国驻马来西亚大使馆为例，马来西亚从1975年至今一共经历了16位中国驻马来西亚大使。马来西亚是东盟成立后率先同中国建交的东盟国家。两国关系能够在这短短的46年里取得突飞猛进的发展，这都有赖于大使馆在各种课题和政策上给予马来西亚国民指引和协助。随着中国在国际社会的地位日益提升，各地华人的地位也相应提升。还记得，2015年10月，中国驻马来西亚大使黄惠康博士在一场"一带一路"讲座上说："海外华人华侨不管走到哪里，不管延续多少代，中国永远是海外华人华侨的'娘家'。""马来西亚是中国的好邻居，中国政府高度重视与马来西亚的合作关系，并将继续努力促进中马两国的传统友谊深入发展。"话虽简单，但听在世界华人华侨的心中却是热血澎湃。回顾2015年，当时马来西亚一部分别有用心者企图通过鼓动反华游行来挑动种族矛盾，制造混乱，从而转移民众对日益紧张的选情局势的关注。黄惠康大使立马带上馆员到吉隆坡的唐人街参观游览，巧妙地阻止了这次反华游行的计划。

  由于我在马来西亚社团活动中非常活跃，所以与大使馆的接触机会相对较多。在我领导下的马来西亚福建社团联合会、马来西亚林氏宗亲总会、马来西亚安溪会馆联合会、马来西亚—广东投资促进总商会经常举办活动以促进两国的文化、经贸交流，每一次活动都得到大使馆的支持和协助，除大使和参赞出席外，使馆也给予许多有益和建设性的建议。相比于其他东南亚国家，马来西亚可以算是拥有最多华人社团的国家，华人在社会上和政治上都有一定的地位，因此，中国驻马来西亚大使馆的工作量也相对繁多。而使馆能够做到事无巨细兼顾全局，可见历届大使和使馆工作人员的努力和高效。

2016年，黄惠康大使出席林福山自传《木生金殿》的推介礼

作为马来西亚的第三代华人，传承着炎黄子孙的文化基因，我所领导的林木生集团在马来西亚享有一定的知名度。而林木生集团对社会公益非常关注，也为社会公益奉献良多。林木生集团早在1993年就在中国广东珠海投资珠海国际赛车场项目。家父拿督斯里林木生也经常心系家乡福建安溪发展，在安溪修建公路、捐助学校，为中国发展建设贡献绵力。中国的迅速发展离不开海外华人华侨对祖籍国的贡献和参与。随着中国的硬实力和软实力不断提升，作为全球第二大经济体的中国在世界的话语权相对提升，西方某些国家也出现了一波又一波抵制中国发展的声浪，处处刁难中国。这段时期，各地使馆的任务也是艰巨的。2013年，时任中国驻马来西亚大使柴玺阁下在马来西亚发表过一篇文章，题目是"从中国梦到马中经贸关系"，其中提到某些人士因为妒忌中国的快速发展，企图通过唱衰"中国梦"而抑制中国的发展步伐。然而从中

2018年，马来西亚福建社团联合会举办金砖奖颁奖典礼

马日益紧密的贸易关系来看，中国梦的成功也关系着大马梦的成功。只要两国紧密合作，互惠互利，就可以实现互利共赢。文章也论述了马来西亚的优势，并认为中马关系会更上一层楼，中马贸易也会在两国达成的共识下，稳步上扬。

2017年7月，在时任马来西亚总理署部长魏家祥见证下，我代表林木生集团在吉隆坡与中国知名企业三一集团总裁唐修国签署战略合作协议。双方将成立合资公司，共同推进住宅工业化在马来西亚的发展。林木生集团计划在5年内投资300—400亿林吉特（约合460—640亿元人民币），在吉隆坡附近启动1.5万套、总建筑面积约480万平方米的6个保障性住房项目，由马中合资公司采用PC方式进行建设。

2018年，是马来西亚民主进程中的一个重要里程碑。"希望联盟"赢得大选，结束了"国民阵线"长达60年的执政。马来西亚迎来了新

2017年7月,林木生集团与三一集团签署战略合作协议

的执政政府。新旧政权交替也给中国驻马来西亚大使馆和刚上任不到7个月的白天大使阁下带来一些严峻的考验。我经常说,中华民族是优秀的,血脉里蕴含着五千年文化的底蕴,骨子里有敢拼、刻苦的精神。所以,无论多险峻的困境,炎黄子孙都有办法去克服。这段时期,马来西亚华人都见证了白天大使阁下的魄力和毅力,他努力不懈的工作态度为中马两国的友谊打了一剂强心针。2020年,我们都面临一场见所未见、闻所未闻的世界疫情。其间,中国驻马来西亚大使馆在白天大使的带领下,以"遇山一起爬,遇沟一起跨"为口号,向马来西亚各个缺乏物资的政府部门、团体伸出援手,中马两国的友谊在抗疫期间进一步加深。

过去,我见证了中马两国不断深入发展的友谊和日益坚固的关系。未来,我能够预见,在中国驻马来西亚大使馆的推动下和马来西亚华人的助力下,中马两国必定能有更美好的将来,共存共荣,互惠互利。借这个机会,祝福中国和马来西亚友谊长存,共创美好未来!

我和我的马来西亚朋友们

赵光明（中国铁建马来西亚公司原总经理）

2012年10月，受中国铁建国际集团委派，我从沙特麦加直接奔赴马来西亚吉隆坡，组建中国铁建马来西亚公司，拓展中国铁建在马来西亚及周边国家市场的业务。日月如梭，本人在吉隆坡已工作生活了8年多，马来西亚也不觉成为了我的第二故乡。3000多个日日夜夜，可以说我把自己人生精力最充沛的时段留在了这里。从已完工的中国中车怡保基地和吉隆坡四季酒店等项目，到正在实施的马来西亚南部铁路和吉隆坡轻轨三号线等工程，我和我的团队取得了骄人的业绩，累计经营承揽额达到100多亿马币，为中国铁建品牌在马来西亚市场树立起崭新的形象。事业取得成功的同时，回想多年的旅居生活，最大的收获莫过于结交了一批相熟相知的好朋友，是他们的支持与帮助，伴我走过了这段人生最难忘的时光。以下是我和马来西亚朋友们日常交往的几个瞬间和真实感悟。

忠实雇员：塞弗

塞弗是中国铁建马来西亚公司成立后聘用的第一位马来族裔员工。从2013年入职，伴随着公司的发展，他已从一位毛头小伙儿成长为有着3个孩子的父亲。2015年他的妻子加入公司担任前台秘书，他们也成为公司的第一个本地的双职工家庭。作为司机，塞弗是和我接触最多的本地员工之一。和很多新入职员工一样，初到公司时他表现散漫、时间观念不强，有时也犯脾气，甚至搞些小动作、恶作剧。但随着时间的推移，他逐步适应了公司的管理要求，工作质量不断提高，对公司的归属感不断加强，实现了个人成长和经济效益的双丰收。朝夕相处的工作和生活，也使我们之间结下了深厚的友谊。塞弗时常跟人谈起，他是在公司工作最久的马来裔员工，也是公司最忠实的雇员。对于能长期在中国铁建工作，他感到非常的光荣和自豪。

本地化管理是评估企业国际化程度的重要标准之一。受当地市场环境和社会形态的影响，中国公司本地化程度不高，一直是媒体炒作的焦点课题之一。中国公司自带劳务、抢占本地人就业机会等声音不绝于耳。多年的海外工程实践经验，使我格外重视公司本地化程度的提高，公司本地员工与自有职工的比例基本保持1:1，在中资企业中名列前茅。在管理过程中，我们对所有员工一视同仁，平等提供岗位聘任和专业培训机会；逢年过节，公司还以发放过节费和入户走访慰问等多种形式，拉近与当地员工的感情，不断强化当地员工的归属感和荣誉感。我们在本地化管理方面的成功做法，逐步改变着当地社会对中资企业本地化管理的偏见，也使中国铁建在马来西亚市场保持着良好的品牌形象。

亲密校友：赖贞瑝

阿赖，是朋友们对北京大学马来西亚校友会会长赖贞瑝的昵称。在2015年的一场商务活动中，我结识了这位在马来西亚小有名气的北大校友。他给我的第一印象是待人热情而不失沉稳。经过几次接触之后，我们发现彼此有很多的共同话题和相似的观点，很快就成为无话不谈的好朋友。北京大学马来西亚校友会是马来西亚最活跃的中国大学校友会之一，各项工作搞得有声有色。受到他的影响，我也开始关注校友会的工作并积极参与其中。2019 年，北大校友会理事会换届，受赖会长邀请，我开始担任理事会的荣誉顾问。

北京大学马来西亚校友会 2013 年在吉隆坡注册成立，赖贞瑝作为创会会长，发挥了举足轻重的作用。在他的带领下，除了举办迎新茶会、新春团拜和协助北大在马招生、接待北大校友来访等常规活动外，北京大学马来西亚校友会也极力推进马中两国文化教育交流合作，如举办北京大学博雅论坛、推动博雅海外人才培养计划，与马来亚大学联合举办亚洲新时代的南南合作论坛等多种形式的活动。校友会还积极推动跨族群、跨文化、跨文明交流活动，并分别于 2016 年和 2019 年在中国山东曲阜和马来西亚吉隆坡参与承办了两届中马青年回儒文明对话论坛。2019 年 9 月，适逢中华人民共和国成立 70 周年、中马两国建交 45 周年之际，赖贞瑝会长积极谋划并亲自参与录制了献礼纪录片《45·多元包容美美与共》，从历史的视野讲述马中两国老中青三代人的友好故事，获得了马来西亚驻华大使的高度认可和马中各大媒体的广泛宣传。2020 年全球遭遇新冠肺炎疫情，赖会长带领校友会在抗疫活动中积极履行社会责任，及时向中国相关机构伸出援手；马来西亚疫情发生后，又积极投身本国抗疫工作，协助普通大众和弱势群体防疫抗灾，表现极为突出，社会反响强烈。

2019 年，马来西亚校友会获得北京大学校友会颁发的优秀校友组织奖，这个荣誉既是对北京大学马来西亚校友会在持续推动马中两国文教交流合作中所作出的成绩的认可，更是对赖贞瑝会长多年来对校友会建设辛勤付出的肯定。通过参与北大马来西亚校友会的活动和与赖贞瑝会长的交往，我有更多机会接触到马来西亚的青年一代，感受

赵光明（右一）在庆祝马中建交45周年晚宴上与白天大使（中）和赖贞瑆校友（左一）合影

到他们视野开阔、积极上进的精神状态。他们在促进中马两国民间交往中的很多做法可圈可点，是保持和发展中马两国传统友谊和长期友好关系的希望所在。

资深政治家：丹斯里赛哈密博士

丹斯里赛哈密博士是马来西亚的资深政治家，也是知名的伊斯兰法律学者。他先后在马哈蒂尔和巴达维内阁中担任国防部长、外交部长和内政部长等要职，在对华关系方面一向保持着积极友好的态度，是中国人民的老朋友。2014年，由于工作关系，我有幸结识了时任马来西亚陆路交通委员会主席的丹斯里赛哈密博士。他在任期间，我们保持着一定的工作接触，他给我的印象是表情严肃、作风严谨，甚至有点让人望而生畏的感觉。在他卸任陆交委主席之后，我们得以有更多私人交往的机会，我才逐渐感受到了他平易近人和思想豁达的另一面。随着友谊的不断加深，我们之间交流的话题也变得更加广泛和深入起来。丹斯里赛哈密博学多才，对国际政治、法律及宗教问题都有着独特的见地，对中国文化亦有着浓厚的兴趣。2016年，经过我的推荐，他被北京交通大学聘任为荣誉教授，通过多次的赴华讲学与访问，他对中国的经济发展和社情民意有了更为深入的了解，对于中马经济合作前景更加充满信心。

与丹斯里赛哈密博士在中马合作委员会合影

2018年，我加入中国亚洲经济发展协会，并兼任常务副会长。该协会是中华人民共和国外交部主管、民政部注册的全国一级社团法人机构，致力于推动中国与亚洲各国之间的经济交往和文化交流。为了加大在马来西亚的工作力度，2019年协会报经上级主管部门批准，在吉隆坡设立中马合作委员会，并由我负责这个委员会的组建工作。委员会成员主要由在双边合作中业绩突出的中马两国企业家担任，并聘请部分专家学者和社会知名人士担任荣誉顾问。我第一时间向赛哈密博士发出了邀请，经过慎重考虑，他最终接受了我的邀请，成为委员会的首批荣誉顾问。

著名侨领：丹斯里杨忠礼先生

丹斯里杨忠礼先生是马来西亚德高望重的侨领，也是享誉全球的建筑业翘楚。他祖籍福建金门，学贯中西，精明能干，办事果断，于1955年开始从事建筑行业，历时45年，几番风雨，屡经波折与挫败，成功建立了他的商业王国——杨忠礼控股有限公司。杨忠礼先生重视言传身教及世代交替传承，注重企业诚信经营及家族内部人和氛围的培养，是海外华人家族企业家的杰出代表。他也是著名的社会活动家和慈善家，素抱取诸社会、用诸社会的宗旨，对华社及华教、国家福利等非常关注，贡献良多。

在2014年的一场华社活动中，我有幸得遇杨忠礼先生，便主动上前打招呼。第一次接触这样大名鼎鼎的人物，起初我还有点紧张，但他非常谦和，没有一点架子，很快和我攀谈起来，极具亲和力，给我留下了深刻印象。2015年，中国铁路总公司在吉隆坡国际会展中心主办中国高铁展，委托我负责观礼贵宾的邀请与接待工作，当时我第一个想到的就是杨忠礼先生。当我将邀请函送给丹斯里时，他欣然接受了邀请并表态一定会亲自出席。但毕竟先生年事已高，身体状况时有不适，当时我心中有些顾虑，非常担心他届时能否真的莅临。开幕式前10分钟，当丹斯里携爱孙杨恭元如约步入会场时，我兴奋不已，悬着的心才算放了下来。86岁高龄的他全程参与了开幕式的所有活动，使我颇为感动。

丹斯里杨忠礼先生偕爱孙杨恭元莅临中国高铁展

由于业务拓展的需要,之后我多次拜会丹斯里,沟通大型基础建设项目的推进情况,每次他都能亲自接待,并时常给出一些有益的意见和建议。渐渐地,我们结成了忘年之交。

2017年10月18日,杨忠礼老先生与世长辞,享年88岁。时任中国驻马来西亚大使黄惠康阁下携夫人及全体使馆高级官员入府吊唁,给予杨老先生高度评价:"杨忠礼先生的一生是不平凡的一生,他以实业兴邦,创立发展杨忠礼企业集团,为马来西亚经济和社会发展贡献良多;他对祖籍国情感深厚,支援家乡建设,常年致力于马中友好事业。"

杨忠礼先生过世之后,我和他的家人依然保持着良好的关系,延续着我们的友谊。在筹建中国亚洲经济发展协会中马合作委员会之初,我邀请杨忠礼先生之孙杨恭元加入委员会并担任副会长,他欣然接受了邀请并坦诚地告诉我说:"祖父之前就有过交代,中资企业的事要积极协助,促进中马合作的事也要大力支持。我会全力支持协会今后的工作,有什么困难尽管说。"他的这席话令我感动不已,也使我再次感受到杨老先生的博大胸怀和对祖籍国的深情厚谊。

国之交在于民相亲!在新的历史时期,中马两国的传统友谊正面临着诸多机遇与挑战。我将在中国亚洲经济发展协会领导下,积极搭建中马合作委员会这个平台,广交朋友,为更好地推进中马经贸合作和传统友谊的世代延续作出更大贡献。

东南亚"报业大王"与中国的故事

张晓卿（马来西亚常青集团执行主席）

"木材巨子，白手起家，跻身世界企业五百强；传媒大亨，合纵连横，组建华文报业航母群；传扬华人的立场和价值，表达华人的情感和声音，大马常青树，华商领军人。张晓卿：让华人发出自己声音的东南亚'报业大王'。"这是中国中央电视台中文国际频道2018年1月8日《中华之光》专栏节目对我的开场介绍。

下面，就让我以第三人称来叙述我与中国的故事。

在马来西亚，提起华商张晓卿与他的常青集团，几乎无人不知、无人不晓。但当别人用"木材大王""报业大王"这些赞美之词称呼他时，他却直摇头道："我不是什么大王，那是外面人说的。"

1934年，张晓卿出生于马来西亚砂拉越州（通译沙捞越州）的诗巫。诗巫有"新福州"之称。曾任福州市、福建省重要领导，后来担任中国国家领导人的习近平、贾庆林等，都到过诗巫进行招商和探访乡亲活动。诗巫与中国近10个中小城市结为友好姐妹市。曾经担任诗巫市市长的张泰卿州议员，是张晓卿的胞弟。

一旦说起自己的人生成长、家庭生活、教育背景和创业过程，张晓卿总是低头沉思，好似在回忆曾经充满苦难与挑战的人生。他曾经慨叹：自己走过的一生，其艰苦卓绝、酸甜苦辣，非一般人可以比拟和理解。

从小开始，在他的心灵深处，便隐约透显了"穷人孩子早当家"的

让华人发出自己声音的东南亚"报业大王"(视频截图)

责任。特别是生活在一个清贫又食指浩繁的家庭里,他必须与父母相依为命,并分挑家庭生活的担子。这就赋予他比同龄人更加早熟的人生思想。生活中各种的磨难,让他变得更加发愤图强、好学不倦。他希望倾尽自己作为长子、作为大哥的力量,有朝一日,可以为家人换来更美好、更幸福的生活。

步入社会工作,张晓卿深知学历知识的浅薄。"学然后知不足",愈加催动了他人生的学习成长之路。他开始省思人生的理想和目标。他也开始叩问究竟什么叫作正义和公平?为何有人生而富有,有人穷困潦倒?在思与悟之间,他开始为自己的人生立下了奋斗的大志与方向。

张晓卿对祖籍国的认识,源自家庭教育的耳提面命。他幼承父亲的教诲,诵读《三字经》、《增广贤文》、古诗词等;上中学时,习读了中国文学、中国历史、中国地理等。加上父辈下南洋后对故土亲人的依恋和怀念,他在耳濡目染中,烙下了深深的民族、文化与家乡的印记。

作为飘零海外的第二代华人,张晓卿必须直面文化的薪火相传与母语教育的生存和发展。张先生是一个文艺青年,是报刊文艺版的忠实读者。他拥有丰富的藏书。《三国演义》《水浒传》《红楼梦》《唐诗三百首》《古文观止》等中国传统经典著作,梁羽生、金庸的武侠小说,还有巴金、鲁迅、冰心的现代文学作品,以及连士升、方修等马来西亚和新加坡作者的著作,都是他喜爱的作品。他的文学底蕴,铸就了他的人文关怀,他与文化和报纸结下不解之缘。

在火红的20世纪50年代,张晓卿也曾经动念返回中国读书,但家庭的拮据、父亲的劝告,让他毅然打消了返乡求学的念头。失之交臂的回国升学梦,化为自修苦学的动力。为了探求更多的知识,初中毕业后,他一边工作,一边报读了厦门大学函授课程。

时任厦门大学校长的朱崇实教授,为了筹办厦大马来西亚分校,专程前来诗巫,拜访了张"校友",并力邀他抽空返回"母校"参观考察,为厦大学生讲述他做人创业的成功之道。他谦称自己非学术专业之才,岂敢在大学生面前班门弄斧而婉谢。

随着人生与工作经验的积累,张晓卿在"四十不惑"之年,与兄弟同心合力创立了常青公司。十年的努力,他自嘲在傻劲、冲劲、盲劲之下,奠立了小小的事业基础。随着事业的扩展,他坦言创业的脚步不能轻易停下。20世纪80年代中期,常青集团开始走上跨国投资之路。中国是他拓展事业版图的首选之地。

在张晓卿的人生哲学中,投资是商业行为,但伴随着企业的发展,他不忘企业的社会责任,也渐渐流露出作为一个儒商的民族气节、文化情怀和品德修养。

张晓卿侍奉父母至孝。父亲在中国出生,年少离乡背井。20世纪90年代初,为偿父愿,张晓卿第一次携陪父母及兄弟姐妹返乡寻根探亲。大洋重隔,却阻不断血浓于水的亲情和乡情。亲人乡民敲锣打鼓、鞭炮齐鸣，热情欢迎张晓卿一家回到故乡，这让张先生一家人感动不已。

20世纪80年代开始，中国改革开放大业扬帆启航。家乡的脱贫与建设，亟须海外华人的支持和参与。凡能力所及，他自许当不落人后。他捐资兴建了幼儿园、中小学校等，还有以企业为名的"常青中学"。

1991年，时任国会上议员的张晓卿，通过中国国务院侨办的协助，以及广阔的人脉关系，拟邀请中国文化艺术团前来沙捞越、吉隆坡作巡回演出。时值马中两国关系尚处在乍暖还冷的时候，特别是意识形态的敏感和对立，让邀请的程序变得复杂，也充满了曲折和挑战。

但张晓卿为人行事之内敛、亲和、不张扬和择善固执的风格，让各方和他相识交往的人，都愿意为他的"奇想创举"提供有力的协助。皇天不负苦心人，他的胆识，他勇于尝试、不轻易向现实妥协和低头的作风，终于为"中国和马来西亚的故事"谱写了精彩的篇章。

中国长城艺术团（即北京煤矿文工团）在马精湛与轰动的演出，不但为马中两国的文化交流写下浓墨重彩的一笔，更为两国的友好合作和民间往来做了抛砖引玉的工作。这是一次耗费不赀且高水平的文化艺术演出。每当有人好奇问起演出的费用时，他总在谦逊微笑中答说，推动文化工作，是每一位中华儿女应尽的本分，而不是金钱可以衡量的。

随着冷战的结束，中国逐渐走上了改革开放的康庄大道。马中两国关系也开始步上了正轨。2014年5月，在马中建交40周年座谈会上，张晓卿坦言，在当年复杂的冷战大背景下，马中两国的交往的确面临一定的难度、阻力与一些不易排除的障碍。但两国政府与领导人高度的智慧、勇气和远见，让建交的路，虽崎岖难行，却是越走越宽广。最终，两国深厚的历史基础与传统友谊，让两国人民相敬互信，携手共进。而今天中国的崛起，是和平、文明的崛起，中国成为世界大国，不但没有造成军事和政治的威胁，反而是区域内一股稳定的建设力量，并且提供了共同发展、彼此受惠的贸易机会，帮助世界各国的经济成长。

张晓卿在20世纪80年代末入主收购了《星洲日报》。他坚信，中文媒体是文化事业，是华教堡垒，也是知识的平台，既可以启迪民智，可以创建文化社会的和谐，也可以促进国家经济的发展。努力壮大华人的文化力量和话语权，做大做强华文媒体，是张先生办报最挚切的愿望。他收购了香港明报企业，让旗下数十家报刊杂志组建了世华媒体集团，在香港、大马双边上市，成了海内外最具影响力的中文媒体之一。由此可以看到他办报的理想、决心和魄力。

张先生热爱文学。他为《星洲日报》"花踪文学奖"的创立，提供了很多支持。为了提升马华文学的创作水平，"花踪"还举办一系列的文学讲座，邀请海内外著名的文学大家前来授课讲演。来者包括王蒙、查良镛（金庸）、王安忆、阎连科、於梨华、陈若曦、柏杨、李欧梵等。这是马来西亚与中国在文化飨宴上共谱的乐章。

为了发挥媒体传播善和爱的力量，星洲基金会诞生。通过媒体的传播力和影响力，近20年来，星洲基金会为中国贫穷失学的孩子提供了力所能及的资助。根据基金会的统计，20年的扶贫济困工作，总共为92000多名大中小学生提供了学费和生活费。张先生曾经亲自到中国安徽、云南、贵州等贫困地区，为受助的贫困孩子颁赠助学金。

中国汶川大地震发生后，以张先生为首的常青集团、星洲基金会，自己出资并发动大马华社和媒体读者，一起为捐输救灾工作贡献力量。震灾的第三天，"星洲媒体佛光救援队"就赶赴四川省青川县展开救援行动。这也是唯一一支进入汶川灾区的马来西亚救援队伍。"一方有难、八方支持"，常青集团、星洲基金会和华社读者总共为救灾赈灾捐献了7000多万元人民币。捐赠项目中，包括在主要灾区捐资重建了36所学校。约三年后，接到国侨办的邀请，张先生与海外华商侨领亲赴灾区，见证了中国政府重建灾区工作的高效和务实。

张晓卿与四川省荥经县六合乡小学师生合影

因为人之谦卑、诚恳、乐善好施，张晓卿渐渐成为中国重要庆典与活动的常客和嘉宾。这包括国庆阅兵、亚运会、奥运会、抗战胜利70周年、招商会、世界华人社团联谊大会、世界华文媒体论坛、博鳌论坛，以及两国领导人的互访活动。

他是世界福州十邑同乡总会（简称"世福"）的创会会长。为了筹设"冰心文学奖"，他与新加坡刘用和、叶松英等乡长亲赴北京探访冰心先生，并恳述筹设"冰心文学奖"的构思。冰心是福州才女，也是中国的文学巨匠和国宝，世福筹设"冰心文学奖"，是全球福州人的共同期待和荣耀。然而第二次探访时，她已经躺在了病榻上。

在首届颁奖礼上，冰心通过录音的方式，向获奖人的脱颖而出和文学奖的成功举办，致上最由衷的祝贺。当会场传来冰心先生亲切温婉的声音时，全体数千名参会福州乡亲立即响起了雷动的掌声。冰心，这位

2008年7月8日，张晓卿代表星洲媒体集团向汶川地震灾区捐献2000万元

家喻户晓、令海内外华人钦慕的文学大家，为海外华人飘零和孤寂的心灵带来了无限的抚慰和祝福。

张晓卿曾受邀出席黄帝陵祭祖大典，也曾亲自率领海内外张氏宗亲赴濮阳、清河寻根问祖，并出席世界张氏恳亲大会。他呼吁海内外宗亲乡亲，要踏踏实实继承先祖先辈们的光荣文化传统。因为文化是民族的灵魂、是民族的根。文化也代表了一个民族的尊严、地位和身份。历史，是一个民族的记忆，是一种精神文明的依托。我们今天纪念缅怀始祖先贤的丰功伟绩，其意义不仅在于唤起民族的记忆，更在于对先人们一种伟大情操的尊敬、学习和追思。

1998年5月，印度尼西亚发生举世震惊的排华事件。张先生当时已经执掌了马来西亚主要华文媒体和香港明报集团。他深知媒体人的社会责任，撰文谴责印度尼西亚的残暴排华行为："今天发生在印度尼西亚的悲剧，对世界文明是一种公然的挑战和揶揄，也是对人类良知与正义的一种践踏。人类生命要尊贵和尊严地存在，就必须懂得关怀和尊重别人。"

1998年岁末，又恰逢世界福州十邑同乡恳亲代表大会拟在北京举行。印度尼西亚排华引发全球海内外华人的愤慨和抗议。当全球华人还置身在印度尼西亚排华的惊悸中，张先生突然接到了有关方面的通知：北京世福大会被要求易地举行。这突如其来的变化，让世福众领导错愕不已。一旦更动地点，短短的时间，面对好几千位来自世界各地且已经订好机票、酒店，并满怀热血激情准备前来出席大会的福州乡亲，世福大会的组织者将如何作交代和处置呢？

当初选择来北京召开世福大会，是张先生的主张和建议。他认为，长期在海外生活的中华儿女，如果可以齐聚北京，甚至亲临庄严威仪的人民大会堂，出席世界福州恳亲大会，那是何等难得的机遇。为了解决刻不容缓的燃眉之急，他和世福领导层立即赶赴北京，在国侨办的沟通和安排下，获得了主管侨务工作的钱其琛副总理的接见。他在急切不安的语气中，直率坦言身为中华民族一分子的压力。钱副总理则安抚张先生，有事慢慢谈，大家可以商讨研究。张先生一番真挚感人的言语，得到了开明务实的钱副总理的理解与包容。当天下午，有关方面就捎来了好消息：世福大会将按原定时间在北京举行。

每逢出席"希望工程"庆典和捐献活动的时候，他总会劝勉同学们，除了学好课业之外，更要注重道德的陶冶、健全人格的培养和正确人生观的建立。

张先生出行公干时，曾与汪道涵老先生在上海聚晤倾谈。汪老先生逝世时，张先生为文悼念，称赞汪老是一个很少受教条羁绊、政治手段灵活、勇于面对种种挑战的人。他的个人魅力、历史视野，他的政治家气度、人格魅力，感动了海内外的华人。我们生活在一个多元种族、多元文化的国度中，就应该像汪道涵先生那样，化解文化差异所引起的隔膜，在大格局的思考中，建立华人全新的思维方式和生活方式。

2008年，张晓卿受邀参加"海峡西岸闹元宵，全球华人盼团圆"

1998年,中国国务院副总理钱其琛接见世界福州总会会长张晓卿。

活动时,对两岸关系发表了真知灼见:"今天,我站在这个讲台上,我不仅看到在座的朋友,而且也看到欣欣向荣的中国,看到海峡两岸的土地与同胞,还看到海外千千万万华夏儿女对两岸的祝福和期许。我可以自豪地说,现在的中国已经崛起了,站起来了。中华民族也已经不再挨打和被欺凌了。中国势必再攀历史的高峰。今天最重要的工作就是调节两岸的关系,促进两岸的和谐,追求用和平的方式,解决国家统一的问题。我还要充满信心地说:中华民族不必假手于人,完全有能力、有条件,用最符合民族利益的方式,来解决两岸的问题。大陆和台湾,有一个根深柢固的,任何人为力量都无法打破的心灵纽带,那就是中国传统文化。两岸实际上有一根割不断的脐带、跳动着同一颗心,这颗心不是抽象的,而是血缘、地缘、人缘、情缘、商缘相糅合而成的。"

他受邀在全国归侨侨眷代表大会上所作的报告——《海外华人与媒体》中这样陈述:报纸是社会的公器,也是社会的良知。当我们认定报纸是文化、知识的载体,也是道德和价值的示范时,尤其是在今天这个价值混淆和人心浮动的年代中,我认为,报纸更应该努力宣达生活的意义、社会的规范，并努力营造人与人之间相互尊重、包容、谦卑、礼让、仁慈、友爱和诚信的高贵情操。海内外华人共同的梦想，就是追寻一个和谐的社会。报纸，正是塑造一个和谐社会不可或缺的动力。

海外华人媒体的报道，也极大地促进了海外华人社会与中国之间更深层和全面的互动。神州大地，不仅是全球华人社会的经济基地，也是重要的感情基地。海内外中华同胞的彼此互动，令华人媒体激发出更多创新的力量，一举扭转过去彼此隔阂的局面。

2010年，在出席郑和国际学术研讨会时，他说：郑和舰队远航的目的是以和平、对等、包容、友好、沟通、尊重的大国风范，来和世界各地的政府和人民建立友谊关系。它没有政治领土的野心。今天，东南亚乃至全亚洲，有幸免除许多的杀伐与对抗，甚至是战争，郑和的睦邻友好之旅，应该是历史的典范。而今天中国的崛起，也是和平和文明的，中国成为世界大国，没有造成军事和政治的威胁，反而是区域内一股稳定的力量，助力世界各国的经济成长。

2011年在博鳌亚洲论坛华商圆桌会议上，他重申：在中国的改革开放中，全球各地的华商发挥了至关重要的作用，因为华商不仅带来了资金、技术及管理，也带来了工具理性、法治、重视契约精神等价值理念，不但推动中国人民跳出原有的意识形态的框框，以新的思维和视角去认识自身与世界，更见证了中国社会日趋多元化与个性化的转变。

他常常称道、肯定国侨办和侨联是促进海内外华人大合作、大交流的桥梁和纽带。因此，凡侨办、侨联主办邀请的重要活动，只要时间允许，他都会坚持参与并全力支持。2013年，他参加了国务院侨办主办的"海外侨领高级研修班"，还被选为班长。他在结业式作总结讲话时说道：他深感海外华人的生活和创业的成功，在得益于当地土壤和社会环境的同时，也离不开自身的努力与勤奋奠立的基础，更离不开中国的和平崛起。随着新形势的到来，海外华人正抓住历史的机遇，开始走向新的发展,走向华丽的转身,在历经百年屈辱和苦难后重建信心。

张先生有深厚、扎实的人文素养。他常常忧心挂虑的一件事是:长期生活在海外的炎黄子孙,因主客观环境的影响和制约,已渐渐忘掉了民族的文化和历史。在机缘巧合中,他收到了一份摄制历史纪录片《下南洋》的倡议书。在后来的拍摄中,中国中央电视台是制作拍摄单位,常青集团是投资人。这是一项2000多万元的文化投资。他在2013年《下南洋》首播新闻发布会上满怀激情地说:我作为一个"下南洋"历史的参与者,真的深深感受到历史与文化对一个民族的震撼、影响和促进。这部纪录片代表了海外华人对自己的历史与文化的不可割舍的依恋与认同。文化母国、文化民族烙印在我、在海外华人身上的印记,是一种永不磨灭的身份和标识,是骄傲和自豪,更是我们生活、创业的精神源泉、依托和动力。我们希望认识历史,我们希望从历史的痕迹和文化的记忆中,找到可供后人反思与学习的灵感和素材。我们不能做一个没有文化底蕴与修养的民族。

"下南洋"华人千百年的飘零与迁徙,虽然充满了血泪,却也孕育了独特的、多元的、丰富的、包容的、东西方文明兼收并存的社会生态与文化面貌,更在促进世界人类大同理想相互交融方面,作出了令人惊叹的历史贡献。但愿中华民族,苦难血泪不再,文化振兴可期。

在由国侨办主办的世界华侨华人社团联谊大会"和谐侨社建设论坛"上,张先生畅言:我们作为海外华人社团领导者,要从自己的文化传统中吸取丰富的精神资源,以充实和壮大华人社团的丰盛生命力,展示它新的形象。

数千年的文化传承,不但要为全球华人社会提供思想上的支柱,也要为世界文明的发展作出勇敢的承担。在世界面前,海外华人社会除了展示经济强者的形象之外,也要具备文化强者的形象。

他还在中国—东盟企业家论坛上直言:"一带一路"倡议是一个跨越时空的宏伟构想,它从历史深处走来,融通古今、连接中外,强调和平、发展、共赢。面对别有用心者对中国的妖魔化和所谓的"中国威胁论",如何演绎"一带一路"共同发展、共享成果的意涵、愿景和行动,如何化解别人的敌意和误解,如何展现一个强国崛起的泱泱大度与风范,海外华人社团或许可以发挥独特作用。在"一带一路"的大框架下,推动人才的整合与文化的交流,开展合作办学,不失为一个前瞻性的选择。

张晓卿自身与中国的故事中,赤子之情,尽显无遗。

合作篇

> 黄惠康：砥砺奋进，携手同行
> 黄家泉：从吉利与宝腾"联姻"看中国和马来西亚的故事
> 杨天培：我所经历的马中经贸合作往事
> 许达维：血脉"链"起的合作之路
> ——记槟城与厦门的技术合作之路
> 贾　鹏：在马来西亚亲历共建"一带一路"
> 杨银梅：丰富多彩的马中教育合作
> 张仲敏：开启中马防务合作新篇章

中国和马来西亚的故事

砥砺奋进，携手同行

黄惠康（中国驻马来西亚第 14 任大使）

2014 年 1 月 8 日，怀揣习近平主席签发的国书，带着中国政府和人民的嘱托，我飞抵吉隆坡出任第 14 任中国驻马来西亚特命全权大使。2017 年 11 月 1 日，我结束任期，返抵北京。出使马来西亚的 1392 个日日夜夜，弹指瞬间，但历史有痕，心声难忘。

中马友谊源远流长，历久弥新

马来西亚享有"亚洲魅力所在"的美誉，是古代海上丝绸之路的重要节点，与中国有着绵延千年的深厚渊源；是东盟成立后率先同中国建交的东盟国家，与中国有着友好互信的政治传承；是 700 多万华人扎根生活的热土，与中国有着得天独厚的人文纽带。

2000 多年前，中马两国人民已开始友好交往。中国唐宋以来历代史籍对马来半岛均有记载。唐朝义净法师南渡至马来半岛，留下珍贵史料，将马来西亚有文字记载的历史提前了 700 多年。15 世纪中国明朝与马六甲王国关系密切，郑和七下西洋曾至少五次驻节马六甲，在加深两国人民友谊的同时，更有力维护了周边地区近百年的和平与繁荣，还繁衍了中马血缘相融的峇峇娘惹独特族群。18 世纪以来，大批华人"下南洋"定居马来西亚，经世代交替，始终与当地人民和谐相处、共存共荣，华人文化传统已与马来西亚历史发展进程深深融合。20 世纪初，孙中山先生曾多次到马来半岛筹集经费，得到慷慨相助。在中国抗战时期，3000 余名马来亚华侨机工回国投身抗战，冒着枪林弹雨为前方将士运输军需物资，为抗日战争胜利作出重要贡献。1949 年中华人民共和国成立后，新中国积极支持马来西亚人民争取民族独立的斗争，并通过香港和新加坡与马来西亚进行民间贸易。1957 年马来西亚独立后，中国表示愿意与马建立友好邦交。

20 世纪 70 年代初，中国与马来西亚开启乒乓球外交。在联合国大会有关恢复新中国合法席位的投票中，尚未与中国建交的马来西亚投出了宝贵的支持一票。国际形势发生的重大变化，对东南亚也产生了重要影响。在冷战的背景下，敦·拉扎克总理以超凡的战略眼光，毅然决定打破坚冰，在东盟国家领导人中率先调整对华政策，于 1974 年 5 月底正式访华，同周恩来总理签署两国建交公报，由此打通了两国世代友好延续千年的血脉联系，为中马关系翻开了新的一页。

1974 年 5 月 29 日，毛泽东主席会见敦·拉扎克总理

90 年代，冷战结束，中国加快改革开放，综合国力大幅提升。中马在交往中加深了相互了解。马哈蒂尔总理在任期间大力推动对华关系，推动东盟开启与中国对话，两国关系进入"蜜月期"。巴达维总理促成

马中两国建立战略性合作关系,各领域合作欣欣向荣。2013年10月3日,习近平主席开启了对马来西亚的首次国事访问之旅,与纳吉布总理达成重要共识,两国关系提升为"全面战略伙伴",中马友好合作迈入了崭新的历史阶段。

千川汇海阔,风好正扬帆

作为第14任中国驻马大使,我有幸在习近平主席访问后的不到百天内出使大马,遵照两国领导人亲手绘就的蓝图推动和落实中马合作,亲历了中马关系的全方位、跨越式发展,见证了两国关系进入历史最好时期,并始终走在中国与东盟国家关系的前列。4年里,中马两国砥砺奋进、携手同行,不断书写合作共赢的新篇章。两国关系通过政治、经济、人文、安全四轮驱动,驶入成熟稳定、全面发展的快车道。中马友好之树根茂实遂。

高层交往日益密切,政治互信不断加深。1974年建交以来,中马两国历任领导人保持了常来常往的睦邻友好传统,近年来高层互访更加频密。自习近平主席2013年访马以来,李克强总理及孙春兰、胡春华、孟建柱、刘延东、许其亮、杨洁篪、王勇等10多位中方党、政、军高层领导陆续访马,高峰期几乎每个月都有省部级以上的代表团来马。时任马来西亚总理纳吉布4年间5次访华。马来西亚最高元首哈利姆、上议长扎哈、下议长班迪卡尔、副总理穆希丁、扎希德以及希沙慕丁、廖中莱等多位内阁部长和州务大臣、首席部长访华。2018年8月,上任不久的马来西亚新总理马哈蒂尔对华进行正式访问,重申马来西亚新政府的对华友好政策。两国领导人常来常往,密切沟通,为中马关系的扬帆远行掌舵导航。双方始终坚持相互尊重、彼此信任的相处之道,以朋友的方式讨论管控敏感问题和分歧，防止和抵制外来势力的干扰。两国的情谊在庆祝建交 40 周年的活动中得到升华，在共同应对马航 MH370 客机失联、特大洪灾等挑战中深化。两国领导人多次表示，将中马关系置于各自对外关系最优先的位置，视彼此为可以一起爬坡过坎的好邻居、好伙伴、好朋友。

务实合作亮点纷呈，互联互通方兴未艾。1974 年建交之初，中马双边贸易额不到 2 亿美元，2002 年首次突破 100 亿美元；2003 年增加到 200 亿美元，10 年后的 2013 年这一数字又翻了五倍，首次突破 1000 亿美元；2019 年再创新高，达到 1240 亿美元。自 2009 年起，中国连续 12 年成为马来西亚最大贸易伙伴，马来西亚则是中国在全球的十大贸易伙伴之一。中方始终坚持在平等互利的基础上同马方开展合作，把惠及马来西亚经济民生作为重要目标。中方同意不设限进口马来西亚棕油等大宗出口产品，造福数十万从业者。在净燕（燕窝产品之一种）之后，马来西亚毛燕也获准出口中国，可使数以万计的燕农受惠。2016 年，中国首次成为马来西亚制造业最大的外资来源地，并连续多年成为马工程施工总承包最主要的合作方。越来越多中国 500 强企业在马来西亚设立区域总部。中国企业正以其雄厚的资金技术资源、本土化的合作战略、完善的售后服务为马经济发展添砖加瓦。在 2017 年 8 月 9 日举行的东海岸铁路开工仪式上，我亲睹众多当地居民扶老携幼赶来参加，在模拟沙盘旁驻足观看，喜悦之情溢于言表，而报名申请参加"中马铁路人才培训班"的队伍也排成了长龙。

值得一提的是，马来西亚是最早响应"一带一路"倡议的沿线国家，更是共建"一带一路"早期收获最丰硕的国家之一。中马钦州产业园、马中关丹产业园创造了中马"两国双园"产能合作新模式。东海岸铁路等旗舰项目顺利开展。阿里巴巴帮助马来西亚在电子商务领域实现了腾飞，双方共同启动了马来西亚数字自贸区。吉利与宝腾携手合作，致力

2017年8月9日,马来西亚东海岸铁路项目开工仪式

于振兴马来西亚国产汽车品牌。中广核EDRA电力资产项目、恒源炼油厂、信义玻璃等大型项目为马经济发展和产业升级提供助力。中马海陆空网互联互通立体推进,双方建立港口联盟,直航航线逐步扩大,仅2017年双方就开通了11条新航线。两国扩大本币互换,人民币清算银行于2015年4月在马来西亚设立,中国建设银行于2016年11月获准在马开设子行,资金融通进一步拓展。马来西亚也有越来越多商界人士赴华投资兴业,开拓市场。通信、网购、农业、旅游、绿色经济等正成为双方合作的新热点。

人文交流如火如荼,织就牢固情感纽带。目前,有1万多名中国学生在马来西亚留学,而在中国就读的马来西亚学生也有4000余人,且在逐年增加。北京外国语大学设立了马来研究中心,马来亚大学和彭亨大学开设了孔子学院。两国文化交流日趋紧密。经过30多年的持续努力,中国古典文学四大名著的马来文版于2017年7月全部面世。2015年7月31日,在吉隆坡举行的国际奥委会第128次全会上,北京获得了2022年第24届冬奥会的举办权。厦门大学马来西亚分校作为第一所在海外设立的中国知名大学分校,一期工程已如期竣工,并于2016年春季开始正式招生,未来将成为"21世纪海上丝绸之路"上的一颗耀眼明珠。经过数年筹备,吉隆坡中国文化中心于2020年1月正式揭牌。2015—2016年,中马分别在哥打基纳巴卢、槟城和中国南宁、西安新设了总领馆。马来西亚对中国游客提供电子签证服务,中国签证申请服务中心槟城办公室成立,进一步便利了两国人员往来。中国已多年成为马来西亚除东盟邻国外的最大外国游客来源国。2013年,两国人员往来超过300万人次。2016年中国来马游客首次突破220万人次,2017年再创新高,达265万人次。2014年7月,中国一对大熊猫福娃和凤仪来马定居,成为两国人民间的友好使者。它们在吉隆坡诞下熊猫宝宝,被马来西亚人民取名"暖暖"。这正是中马之间温暖情谊的真实写照。曾经有民调显示,在亚洲国家中,马来西亚是对中国好感度最高的国家之一,民众对中国的好感度达83%以上。我对此引以为豪。

2014年7月3日,厦门大学马来西亚分校举行奠基仪式

安全合作不断深化,携手应对共同挑战。始于2015年的"和平友谊－2015"中马实兵联合演习成功举行,成为中马两军机制化合作的重要平台,正向纵深拓展,为人道主义援助与救灾合作积累经验。2016年11月,时任马来西亚总理访华期间,马方首次向中方购买和联合建造4艘濒海任务舰,双方签署了防务合作谅解备忘录,将两军交往和互信提高到历史新高。中马间已签署刑事司法协助条约,正就引渡条约进行谈判。双方不断完善执法安全合作机制,在反恐、打击电信诈骗、禁毒、网络安全等方面加强配合,共同维护两国和本地区和平稳定。双方在地区和国际事务中密切配合,在联合国等多边组织中保持了良好沟通与合作,有力维护了发展中国家共同利益。特别是在马来西亚2015年担任东盟轮值主席国期间,中马在中国—东盟、东盟与中日韩等框架下进行了良好配合,推动中国和东盟关系深入发展,支持东盟共同体建设,推进《区域全面经济伙伴关系协定》(RCEP)谈判,推动全面有效落实《南海各方行为宣言》和"南海行为准则"磋商进程,为维护地区和平稳定发挥了建设性作用。

"和平友谊－2015"中马实兵联合演习

回顾四年间中马关系发展，我深深体会到，两国领导人高瞻远瞩、携手共进是两国关系提档升级的引航灯，和平共处五项原则是两国战略互信的根本支柱，平等、互利、共赢是两国合作可持续发展的不竭动力，而人民间的深厚友谊和患难真情则是两国世代友好的最坚实基础。

弘扬郑和精神，传递和平发展信念

2015年的11月，国际舞台热闹非凡，各国领导人穿梭奔波。二十国集团安塔利亚首脑会和APEC马尼拉峰会刚刚落幕，东亚合作领导人系列会议就要在马来西亚开场。11月20日，李克强总理抵达吉隆坡参会并访问马来西亚。这是李克强总理上任以来对马来西亚的首次访问，也是对马来西亚总理2014年5月正式访华的回访，意义重大，主宾双方均有很高期待。

马来西亚有句谚语："遇山一起爬，遇沟一起跨。"李克强总理对马来西亚的首次访问再次证明，中马正是可以一起爬坡过坎的好邻居、好朋友、好伙伴。在马不停蹄的四昼夜中，李克强总理旋风般地出席了第18次中国—东盟（10+1）领导人会议、第18次东盟与中日韩（10+3）领导人会议、第十届东亚峰会（EAS）；对马来西亚进行正式访问并出席中马经济高层论坛、到访马六甲……行程繁忙而紧凑，成果务实而丰硕。

2015年11月22日下午，在结束东亚峰会的多双边议程后，李克强总理从首都吉隆坡驱车100多公里前往马六甲州，开始了他正式访问马来西亚的第一站。马六甲州以沿途十几公里悬挂中马国旗的友好之举欢迎中国贵宾。街边的店铺自发地挂起欢迎中国总理的横幅，沿街民众热情地挥手欢呼致意。

和前两天峰会议程唇枪舌剑的外交博弈相比，马六甲之行显得轻快而活泼，但寓意非同寻常。在当地两个小时的简短逗留中，李克强总理和夫人程虹与马六甲州元首卡里尔夫妇、首席部长伊德里斯夫妇亲切交谈，视察了马六甲临海工业园区沙盘，参观了郑和文化馆和峇峇娘惹博物馆，并在当地一家特产店铺与19年前首次访问马来西亚时结交的老朋友欢聚一堂。其间，李克强总理重提以和为贵、和而不同、和谐包容的郑和精神，借郑和的故事，再次告诉世人，中国人的骨子里没有霸权文化，将始终坚持走和平发展的道路，也致力于通过对话协商和平解决领土主权和海洋权益争端。

李克强总理传递"和"的含义，自有其深意。在之前的东亚合作领导人系列会议上，中国已成为推动区域合作与发展的核心力量。李克强总理见证了中国－东盟自贸区升级谈判全面结束的成果文件的签署，并敦促东盟十国以及韩国、日本、澳大利亚、新西兰、印度在2016年结束关于《区域全面经济伙伴关系协定》的谈判。虽然大部分与会国家均希望加深与中国的合作，却也有国家对中国在区域合作中所扮演的积极角色耿耿于怀。而南海问题，成为这些国家掣肘中国的工具。前往马六甲之前，李克强总理在当天的东亚峰会上就各国共同维护南海和平稳定提出了五点倡议，期望域外国家承诺尊重和支持地区国家维护南海和平稳定的努力，发挥积极和建设性的作用，不采取导致地区局势紧张的行动。

马六甲以弹丸之地，扼守海峡咽喉，纵览千帆过往；李克强总理则以追溯郑和精神，向全世界传递出和平和共同繁荣的信念。到访马来西亚当天，李克强总理就在当地主流媒体上发表署名文章，用相当篇幅阐述了郑和的事迹。到马六甲之后，他又专门参观了郑和文化馆。文化馆里，船具、瓷器等展品众多，场景、人物造型栩栩如生，生动再现了郑和下西洋时的壮阔场景。不过，世人所称颂的，不是强大的舰队，而是和平的精神。郑和所到之处，不搞殖民和掠夺，这种"强不执弱、富不侮贫、天下之人皆相爱"的理念已深深植根于中国人民的文化和基因中。谈起自己的观感,李克强总理说,郑和的"和",既是和平,又是和谐,还是包容。郑和精神"以和为贵",也正体现了中华民族热爱和平、睦邻友好的思想精髓。

在马六甲,李克强总理还参观了峇峇娘惹博物馆。据介绍,郑和船队回朝时,每次都有部分随从留下,与当地女子通婚,生下的男性后代称为"峇峇",女性则称"娘惹"。如今,他们仍是当地社会的重要组成群体,成为见证中马友好交往和文化交融的生动例证。

国之交,在于民相亲

在出使大马的 4 年间,我踏足大马十三州土地,与当地政府、民众、社团、企业广泛接触,见证了中马两国领导人之间的特殊友情以及两国人民的亲密关系,深切感受到两国人民加强合作、增进了解、共谋发展的迫切愿望。正如马来西亚人民为在吉隆坡诞生的大熊猫宝宝取名"暖暖",中马友谊暖到了每个人的心里。在我心底感受最深的莫过于习近平主席在韩国首尔大学演讲时引用的经典:"以利相交,利尽则散;以势相交,势败则倾;以权相交,权失则弃……唯以心相交,方能成其久远。"是啊,一部中马交往史,正印证了"唯以心相交,方能成其久远"的义利观。

美酒越陈越香,朋友越久越真。我感念,在 2008 年中国汶川特大地震以及其他重大自然灾害发生后,马来西亚人民慷慨解囊,捐款捐物,发动两国爱心接力,一张张热情的面孔、一句句温暖的问候,令人动容。这些事迹再次体现了血浓于水的中马友谊和两国人民兄弟般的情谊。

我感念,"患难见真情,马中一家亲"。2014 年 3 月 8 日,马航

MH370客机失联后，中马两国政府和人民携手共克时艰。在西方媒体散播"阴谋论"之时，中方力挺马来西亚政府应对危机，中马关系历经考验，更成金石之交。2015年12月，马东海岸遭遇特大水灾，中方紧急调配救灾物资火速驰援。马来西亚在华留学生自愿捐献造血干细胞，成功挽救了一位中国白血病患儿的生命。……桩桩件件，令我感动至今。庆祝中马建交40周年答谢晚宴上，为中马建交牵线搭桥的前辈政要、"南洋华侨机工回国服务团"英雄、华社领袖等各界友人悉数出席，我代表中国驻马使馆赠送的每一枚"中马友谊之星"纪念章，都浇铸了中马两国人民血浓于水的情谊。

我感念，大马各界对中马友好和中国驻马使馆的支持与厚爱。时任上议长丹斯里阿布·扎哈不但参加了我举办的所有重大庆典活动，还随时在使馆需要时伸出援手；"南侨机工"组织者丹斯里刘南辉和夫人刘陈慧玉一家坚持传统，每逢中秋佳节便给使馆送来月饼和问候；不止一次，我赴外地活动返程于路边餐馆用餐，买单时却发现已有不知名的华人朋友悄悄代为结账……

我感念，马来西亚华社为兴办华文教育所作的不懈努力。马来西亚有良好的华文教育根基，有万余个合法注册的华人社团和发达的华文报业，它们都是中马人文交流的纽带和桥梁。华人社会对马来西亚的独立和发展所作出的贡献有目共睹，而为维护本民族的文脉所作的艰苦卓绝的持续努力，则令人动容。四年来我走访了数十所华小、独中，捐些善款和书籍，即出于对大马华人努力保持自身文化身份和民族特性的钦佩和敬重。愿大马华人继续自强不息，期待中华文化在大马薪火相传，为开放包容、多元并蓄的马来西亚的发展作出自己的贡献。

"为者常成，行者常至。"愿中马两国国泰民安、永享太平，中马友谊万古长青！

合作篇

从吉利与宝腾"联姻"
看中国和马来西亚的故事

黄家泉（原马来西亚贸工部第二部长）

在叙述吉利与宝腾"联姻"的精彩故事之前，先让我来回顾一下马来西亚与中国交往的悠久历史，以作为铺垫。

要谈马来西亚和中国的故事，就要追溯到海上丝绸之路的开辟。马六甲海峡是海上丝绸之路的必经要道。根据史料的记载，宋朝时期中国商人非常频密地来到了马来半岛的马六甲、吉兰丹、登嘉楼、吉打，乃至砂拉越（通译沙捞越）的古晋经商。中国船队的商人是以物物交换方式，和当地土著进行商贸往来。

中国文化学者余秋雨曾说过："中国行走在古代丝绸之路的有四种人，一是商人，二是军人，三是僧人，四是诗人。可是走得最远的就是商人和僧人。商人为营利而走。可是僧人就不一样了。宗教理念给他们带来了巨人的能量，他们中的优秀分子，更是不惜穿越生命绝境，去获取精神上的经典……"

海上丝绸之路有别于陆上丝绸之路。历史记载的海上丝绸之路只有僧人和商人的足迹。而佛教的传播，与海上丝绸之路结下不解之缘。当然，如果没有商人的船队来往在海上，僧人是没有能力和资源在海上丝绸之路往返自如的。可以想象一下，当时航海技术落后，佛教僧人都是航海船家欢迎的乘客。惊涛骇浪，险象环生，在海路茫茫的行程中，佛教僧人的诵经和祈福，是航海者强有力的心灵寄托！

海上丝绸之路形成时，东南亚出现了两个由印度人南来所创立的佛教古国。一个是位于现今马来半岛吉打州一带的狼牙修王国，另一个是现代印度尼西亚苏门答腊岛上巨港附近的三佛齐王国。狼牙修王国创立于公元1世纪左右。《梁书》卷五十四中提到了狼牙修国。在公元515年，当时狼牙修国的国王叫"婆伽达多"，派使者觐见梁武帝，并交给梁武帝国书。这个时候的狼牙修王国的疆域，地跨马来半岛北部，包括今日马来西亚的玻璃市、吉兰丹、吉打等一带的地方。而唐代高僧义净大师在其著作《大唐西域求法高僧传》中提及三位曾到过郎伽戍，即狼牙修的中国法师，可见当时有中国僧人到过狼牙修，而狼牙修是从海路到印度取经的中国僧人的停留之处。根据唐代文献记载，狼牙修王国非常善待中国僧人。印度的历史文献也有记载，公元2世纪左右（中国汉朝时期）就已经有印度和中国的商人在狼牙修国境内经商贸易。

三佛齐王国，梵文音译为室利佛逝，发源于现代印度尼西亚苏门答腊岛上的巨港附近。三佛齐的建国年代不详，只知道公元7世纪开始向中国进贡。三佛齐位于马六甲海峡南端，地理位置优越，经济力量雄厚，是当时马来群岛的香料贸易中心，也是当时东南亚佛教的中心。公元695年义净大师经海路从印度返回中国时，曾在三佛齐停留了较长时间。根据他的文献记载，当时在三佛齐王国的中国僧侣不下1000人！

中国进入宋元时代，航运相对发达，中国商人在东南亚一带，尤其是在马六甲海峡的经济贸易活动已经非常兴盛。纵观有关海上丝绸之路的历史文献记载，在1600多年前，海上丝路已经成为中国和东南亚的人民进行商业、文化和宗教交流的一个重要通道，也是一个重要的国际贸易平台。古代的海上丝绸之路，与今天由中国提出的"一带一路"概念非常相似，真有异曲同工之妙！而这条通道，除1941年二战期间被日本入侵之外，1600多年来都是和平安宁的。

1405年（明永乐三年）到1433年，明成祖命三宝太监郑和率领有240多艘海船、27400名船员的庞大船队远航，七次下西洋，曾五次驻节马六甲。马六甲海峡是郑和船队必经之地。郑和船队拜访了30余个西太平洋和印度洋的国家和地区，是当时世界上规模最大的远洋航海壮举。与后来的一些西方列强不同的是，郑和的庞大船队从未侵占沿线任何一个国家的一寸土地，也没有强占他人的土地作为自己国家的殖民地！这就是中国向来处世的东方大智慧：宽容，包容，和平，共存共荣。

中国南海是今天的海上丝路最繁华的一段，每年全世界有30%的远洋船只必须经过这段水道，运载货物的总价值超过53000亿美元。而今天的马六甲海峡，平均每年都有超过90000艘货轮经过，运载着全世界25%的贸易货物。

1937年7月7日，卢沟桥事变爆发，拉开了中国八年全面抗日战争的序幕。短短一年中，中国东南沿海各咽喉交通口岸全部沦陷，广九铁路和滇越铁路也先后被切断。1938年8月，中国政府决定修建从昆明到缅甸腊戍的全长1146公里的滇缅公路，作为国外军援物资进入中国的唯一通道。

1938年底，驻扎在昆明的中国政府军事委员会致电新加坡"南侨总会"主席陈嘉庚，请求他在南洋招募华侨汽车司机和汽车修理技工。陈嘉庚先生于是立刻号召马来亚和新加坡的青年参加"南洋华侨机工回国服务团"。他们的任务是通过滇缅公路运送战略物资，在后方支援中国军队在前线的抗日行动。"南侨总会"共召集了约3200位年轻人参加服务团，他们大部分来自马来亚。

1939—1942年，南侨机工在滇缅公路上为中国军队一共运送了50多万吨军需物资和15000多辆运输工具，还有很多无法统计的物资及用品。抗战中，中国军队的外援物资和装备几乎有一半是通过滇缅公路运送进去的，而运输这些物资的交通工具，正是由南侨机工们和其他司机一起驾驶的。他们为中国抗战胜利作出了伟大的贡献。

这是一项非常悲壮的艰巨任务。经过八年艰苦抗战，1945年8月15日，日本宣布投降。这期间共有1028名南侨机工殉职。最后总共有1126名机工回返南洋，1072人留在了中国。

1949年10月1日中华人民共和国成立后，西方列强基于冷战对立的思维，实施对华贸易制裁。当时的马来亚还是英国的殖民地，马方的商家被禁止访华，禁止与中国进行直接的商业或贸易活动，只能通过香港和新加坡与中国开展间接贸易。马来亚独立后，根据新加坡方面的统计，在1960年，马方与中国的间接贸易额已达到5994万美元（90%都是橡胶贸易）。由此可见，即使两国还没有邦交往来，基于两国的市场需求，民间的商界已经通过第三方在积极地从事贸易活动。马来西亚的商家，尤其是从事原料产品出口的商家，如橡胶贸易商，早已渴求马中两国的政府能早日打开大门，让商家直接对华进行贸易。

1971年1月，本属不幸的马来西亚吉隆坡大水灾，却为两国的开放和交流带来一线曙光。中国政府通过中国红十字会主动捐助20万美元给马来西亚赈灾。中国的这项义举，使兼任马来西亚红十字会主席的时任总理敦·拉扎克非常感动和感激。

1971年5月，在敦·拉扎克总理的授意下，马来西亚派出一个由当时的国企（PERNAS）主席东姑拉沙里率领的贸易代表团首次访问中国。代表团受到周恩来总理的亲切接见。同年8月，中国派出以中国化工进出口总公司总经理张光斗为团长的中国国际贸易促进委员会代表团回访马来西亚。张光斗先生向总理敦·拉扎克呈交了周恩来总理的书面致意，并代表中国政府宣布将大量购买马来西亚橡胶。此访重新打开了马中贸易大门。中国开始大量购买大马的橡胶，双边贸易量节节上升。

1971年10月25日，联合国大会以76票赞成、35票反对、17票弃权的表决结果通过了"恢复中华人民共和国在联合国之一切合法权利"的决议草案。马来西亚是76个国家中投票支持中国进入联合国的一员。1974年5月29日，敦·拉扎克总理率领马来西亚代表团正式访问北京，并会见了中共中央主席毛泽东。同年5月31日，中华人民共和国与马来西亚正式签署建立邦交之协议，马来西亚成为东盟成立后第一个与中国建交的东盟国家。

邓小平接过中国的领导接力棒后，应马来西亚第三任总理胡先翁的邀请，于1978年9月11日访问了马来西亚。第二年，1979年5月6日，胡先翁总理也正式访问中国。我想特别指出，胡先翁和邓小平的互访是有其重要历史意义的。

从此以后，马来西亚和中国在经贸上的活动就更加繁荣和兴旺了。马来西亚人民也可以前往中国探亲及旅游。1989年9月26日，马航飞机第一次降落在广州的白云机场，我有幸见证了这一令人非常激动的历史时刻。此后，马中双边贸易突飞猛进。1990年，马中贸易总额只有11.76亿美元，到2013年就突破了1000亿美元（1060.8亿美元）。

2013年，习近平主席提出建设"丝绸之路经济带"和"21世纪海上丝绸之路"（简称"一带一路"）的合作倡议。"一带一路"旨在接续古代丝绸之路的历史轨迹，积极发展与沿线国家的经济合作伙伴关系，共同打造经济融合、文化包容的利益共同体。

习近平主席进一步倡议筹建亚洲基础设施投资银行（简称"亚投行"）。亚投行的成立是要促进本地区互联互通建设和经济一体化进程，向包括东南亚国家在内的"一带一路"沿线发展中国家的基础设施建设提供资金。2015年8月21日，马来西亚政府代表在北京签署《亚洲基础设施投资银行协定》，成为亚投行的一位成员。

2017年5月14日和15日，"一带一路"国际合作高峰论坛在北

2017年5月,黄家泉部长在首届"一带一路"国际合作高峰论坛上致辞

京举行。我有幸与会,并代表马来西亚政府和中国政府代表签署了"一带一路"合作谅解备忘录。为协调马来西亚和中国在"一带一路"框架下的合作进展,马来西亚在国际贸工部正式设立"'一带一路'协调中心"。

时隔一个多月,我们就迎来了一项非常有意义的合作项目。2017年6月23日,马来西亚宝腾和浙江吉利集团正式签署合股合约。宝腾是马来西亚知名国产汽车公司和品牌,曾有过令马来西亚人民感到自豪的光辉业绩。1990年代发展鼎盛时期,宝腾汽车年销量超过20万辆,成为马来西亚汽车销量之首。然而,面对汽车科技的激烈竞争,宝腾逐渐走向下坡路,至2018年,销量跌至6.4万辆,出现严重亏损。2016年至2018年,年亏损马币亿元以上!宝腾急需引进战略投资者,而吉利集团正是宝腾最佳的战略合作伙伴。

2017年10月6日,我代表马来西亚政府前往杭州会见吉利集团董事长李书福先生。我诚恳地告诉李书福董事长,两国企业签署合约后,

合作篇

2017年6月23日，吉利与宝腾合作协议在吉隆坡签署

应积极落实一些具体的计划。马来西亚政府希望吉利能协助宝腾脱困。李董事长有大企业家的智慧和大气魄，他建议吉利在宁波的春晓改装一间左舵的汽车工厂，来生产适合马来西亚的右舵汽车。这间工厂将用来生产宝腾X70，同时具备培训马来西亚汽车科技人员的功能。宝腾的工程师和技术人员将会来宁波春晓参与装配宝腾X70新款汽车，并接受培训。同时，吉利集团的科技人员也会到马来西亚协助宝腾在丹绒马林建立新厂房，以便在最短的时间内，能让宝腾在马来西亚境内开始装配X70新车款。

李书福董事长也答应在技术的提升方面全面协助宝腾。吉利汽车集团在中国杭州和宁波、瑞典哥德堡、英国考文垂、德国法兰克福都已建立起全球研发体系。科技创新已成为吉利在智能汽车领域的核心竞争力。通过协同效应，这些领先的技术将与宝腾共享。中马两国之间在汽车科技领域的合作关系将继续深化。

中国的汽车市场已经超越美国成为全球之冠，年销量达到3000万辆之巨。而吉利集团的汽车销量在 2018 年已超越 150 万辆！吉利集团给予宝腾的技术共享，凭我们自己的力量是难以达到的。马来西亚的汽车市场容量不大，每年的销售量只有大约 60 万辆。凭这样的销量，我们绝对没有能力负担起一个耗资动辄上亿美元的汽车研发中心。缺乏高端研发中心的汽车品牌，自然也难以在国际汽车技术的平台上和他人一争长短。

此次双方在新的层面开展合作，是共建"一带一路"的经典之作。吉利集团响应中国国家政策，依托"一带一路"实行技术、产品、管理经验的输出，协助马来西亚打造国际化供应链，与马来西亚企业携手推动中马两国汽车工业共同发展。

和李书福董事长会面之后，我马上回国向时任总理纳吉布汇报会议的成果。纳吉布总理非常满意，也非常感激李书福董事长的积极态度。其实在这之前，纳吉布总理也竭尽全力想要协助宝腾脱困。为给宝腾寻求一个有效的策略伙伴，纳吉布总理尝试接洽了来自法国、德国及日本的名牌车厂，可是最后都未获成功。关键的问题就是没有任何一个国家的汽车厂商愿意把他们的技术转移来协助宝腾。如今中国的吉利集团却毫无保留地同意把"技术共享"来协助宝腾，大家都称吉利是来挽救宝腾的"白衣武士"。

李书福董事长为宝腾找来了一位在汽车行业有 30 年经验的经营管理者李春荣先生。后者在 2017 年 8 月 22 日成为马来西亚宝腾的首席执行官。李春荣先生拥有中国华中科技大学的博士学位和美国麻省理工学院工商管理硕士学位。

2018 年 2 月 2 日，在纳吉布总理的见证下，宝腾和吉利合作的新厂在霹雳州的丹绒马林动土兴建。这座工厂将会接替宁波的春晓汽车厂生产宝腾 X70。也正是在这个地方，马来西亚汽车品牌宝腾与中国吉利开启了一段非常有意义的旅途。马来西亚举国上下的目光都聚焦于这个被寄予厚望的汽车制造工厂。

这个时候我还是丹绒马林区的国会议员，我的感受非常深刻和激动。我内心告诉自己，这是我能为丹绒马林和马来西亚人民带来的最好礼物！由于本地没有高端的就业机会，丹绒马林一带的大专毕业生往往要背井离乡到外地去寻找更好的就业机会。宝腾在丹绒马林的工厂启动后，这一地区的年轻人就可以在家乡就业和创业。

2019年6月12日，丹绒马林工厂宝腾X70正式下线。携手至今，吉利与宝腾的合作成果在这座工厂得到展现。无论是工作人员和技术设备，还是零部件供应和经销商渠道，宝腾丹绒马林工厂与之前相比，都发生了质的变化。很多在这里工作的人都评价，丹绒马林工厂既有马来西亚的文化与性格，又有中国的元素与色彩。宝腾与吉利合作的首款车型宝腾X70的正式上市，代表着马中两国文化相互融合的新高度。

新上任的宝腾首席执行官李春荣先生果然不负众望，在他大刀阔斧的改革下，宝腾的汽车销量竟然从2018年的谷底6.4万辆增加到2019年的突破10万辆！此外，70家马来西亚本土汽车零部件供应商为宝腾

2018年9月，吉利—宝腾X70问世，受到市场追捧

黄家泉（左）在吉隆坡出席"中国援外培训马来西亚同学会"联谊招待会

供应了超过 500 种零部件，总价值达到 10 亿元马币之巨。X70 在短时间内给马来西亚带来的经济效益是非常令人震撼的！

宝腾仅凭一款新车型就能在短时间内取得可观的成绩，离不开吉利技术的助推与支持。宝腾的业绩也开始摆脱年年亏损的窘境。2019 年年终业绩结算，宝腾竟然转亏为盈！

我曾经向李书福董事长这样形容李春荣首席执行官："此人有正气，积极、果断、智睿、专业、无私。李董事长，你用对了人！"

从 20 世纪 70 年代开始，马来西亚出口到中国的商品以原料产品及农产品为主，其中 90% 是橡胶。随着中国的科技和社会进步，中国的国内需求也开始改变。2017 年马来西亚出口到中国的货品结构已经发生彻底变化，82.6% 都是制造品，橡胶和棕油等农产品和原料产品只占 17.4%，特别是橡胶，份额从 1974 年的 90% 下降到 4.6%。

2019 年，马来西亚出口到中国的商品之中，电器与电子产品占到了 35.5%，其次是占比 26.9% 的化工产品、石油产品、天然气及金属产品。

2019年，马来西亚和中国的双边贸易额创下新纪录，达1239.6亿美元。中国连续多年成为马来西亚最大的国际贸易伙伴和最大的出口贸易国。

马来西亚和中国的故事，每一篇都充满着两国人民的深厚感情与深度交融。习近平主席2013年10月7日访问马来西亚时，引用马来西亚谚语"切水不断"来形容马中传统的友好关系。习主席的用词真是再恰当不过了！

我所经历的马中经贸合作往事

杨天培（马中经济贸易总商会荣誉总会长）

  1957年8月31日，马来西亚摆脱英国殖民统治，宣布独立。独立初期，新政府缺乏治理国家经验，人民生活困苦，社会混乱。1969年5月13日发生大规模种族冲突，酿成"5·13"流血事件，时任总理东姑阿都拉曼被迫下台。新任总理敦·拉扎克认为，国家要安定，必须搞好国家经济，改善人民生活。在殖民地时代和东姑总理时代，马来西亚的经济非常薄弱，发展停滞不前，商业主要靠新加坡与中国香港的进出口贸易，再转卖给马来西亚，无形中加重了人民的生活负担。

  中国人口多、市场大，对于马来西亚盛产的橡胶及其他原料产品需求旺盛，而马来西亚每年都需要进口大量的粮食及消费品，产地大部分在中国，双方在经济上具有很大的互补性。因此，敦·拉扎克总理上任后采取了有条件开放马中直接贸易的政策，并设立了一个官方机构（PERNAS）管理相关事宜。马来西亚企业参加中国广州春秋两季交易会，与中国供应商签署合约需向PERNAS申领进口准证（AP），并缴付手续费。

  在中华总商会等华商组织的推动和积极参与下，马来西亚对华贸易逐步展开。1974年5月31日建交前，马中两国的直接双边贸易额已达2亿美元；建交后，两国政治关系大大改善，双边贸易额突飞猛进，到2019年达到了1239亿美元。马来西亚也连续多年曾是中国在东盟国家中最大的贸易伙伴。本人作为这一发展历程的亲历者和见证者，对马中经贸发展史印象颇为深刻。

我们家祖籍是广东省普宁市梅林镇南阳村，祖父是梅州客家人。近代中国饱受西方列强侵辱，内忧外患，民不聊生，老百姓纷纷漂洋过海到南洋谋生。家父杨师，又名仲达，以"卖猪崽"的方式来到马来亚半岛谋生。后定居柔佛士乃，种田耕地、饲养猪只，做杂工、割橡胶，生活艰苦。母亲生产前夕，家里茅屋突然起火烧毁，我就在露天中出世。因此，父母为我取名天培，意思是在那种困境下，只好靠天养活了。我在田园里风吹日晒长大，从小就一边工作、一边上学，最后从新加坡国立大学毕业，并考获商业管理硕士学位。这是海外华人不畏艰险、努力成才的一个缩影。

我离开学校后执教一年便转入商界，从事化工产业。从1969年1月开始算起，我与中国的业务来往已逾半个世纪。在这漫长的日子里，我一直致力于积极发展中国业务，为促进马来西亚和中国的经贸合作贡献绵薄之力。

数十年来，我亲眼见证了中国从20世纪六七十年代的艰辛日子到改革开放后的迅速发展这一翻天覆地的变化。中国成了世界第二大经济体，令世人刮目相看，也让广大海外华人扬眉吐气。

20世纪70年代初，马来西亚商人参加广交会还必须向马来西亚官方申请许可证，初期获批者不多，每届交易会只有20多人。参加者由中华总商会组团，政府官员陪同。团队在吉隆坡机场集合飞香港中转。1974年建交后，代表团每次出发，中国驻马来西亚大使馆都派代表送行，并合影留念。

我们在香港要逗留两个晚上，由中旅社代为办理入境签证和安排交通。记得在1972年，我获批参加秋季广交会时，非常兴奋，整夜难以入眠。

这是我第一次参加广交会，也是我首次回到祖籍国。

我们的团队出发前往广州时，早上乘火车到罗湖，步行通过边防（铁桥）到宝安关口办理入境通关手续。值得一提的是，我们在逗留期间受到很好的接待。

在关卡办好手续，便乘坐列车赴广州。一路上，两边风景秀丽，青山绿水，经过农田时看到农民戴着笠帽、赤着脚，有的牵牛犁田，有的拿着锄头锄草种地，汗流浃背，辛勤耕种，孩童在田里嬉戏玩乐，真是一幅田野风情画面。父母常讲的唐山故事，此刻一一出现在我的眼帘，这就是我向往的祖籍地。

我们抵达广州火车站时，早有主办方的工作人员等候欢迎我们。我们的团队中，有的被安排住在广州华侨大厦，我则被安排在爱群大厦。

改革开放前，广交会是中国对外开展经贸活动唯一的渠道，也是国家外汇的主要来源。我1972年第一次参加秋季广交会，展馆设在海珠桥边。海珠展览馆规模不大，展出品种也不多，而前来参加广交会的各国和地区来宾逐年增多，明显不敷需求。两年后，中国政府便在流花湖畔新建了一座大型展览馆。新馆交通方便，设施齐全，能提供各方面的商业服务，可以算得上最完善的国际水准展览馆。此馆在1974年秋季交易会开始使用。

流花展览馆占地很大。展馆大楼前面有广场，四周有围墙，中间有铁栅大门，闲人不得进入，进出者必须持有准证。客商必须在胸前挂上来宾条。开馆时间从早上8点30分到下午5点。由于要进馆的客商众多，许多客商提早到门前等候，开门时鱼贯而入，抢先到业务洽谈室。

展馆内的样品展示处和洽谈室，分门别类，井井有条。主楼的底层有大型机械展示厅和相关业务洽谈室。我公司经营的化工、五金矿产、粮油食品、土畜产的展示处和洽谈室主要设在一楼，也有小部分设在底层。由于我司经营的产品种类多,我几乎从上班到下班马不停蹄,争取每一分钟都在工作。有时还要抽空参加重要的宴会或观看主办方安排的演出,在中山纪念馆或友谊剧场观摩东方歌舞团的表演和看样板戏《白毛女》等,至今我还记忆犹新。

回顾中国实施计划经济政策年代,中国商品进出口业务均由中国化工进出口总公司、中国粮油食品进出口总公司、中国五金矿产进出口总公司、中国土畜产总公司、中国轻工业进出口总公司、中国机械进出口总公司、中国纺织品进出口总公司、中国工艺品进出口总公司等八大公司负责经营、五大口岸(广州、大连、上海、青岛、天津)进出口。由于当时马中关系欠佳,马来西亚企业不便直接进入中国大陆从事商贸活动,便与中国驻香港的代理公司如华润公司、德信行、五丰行、华远公司等进行业务洽谈。我从1969年开始每年都多次到香港,与上述公司洽谈业务和交流市场信息。

我从1972年秋季开始参加广州交易会至今,由海珠南展馆、流花湖畔展馆到琶洲展馆,共参加过80多届,被称为"老广交"。其间,除了处理本身业务外,也为马中总商会组团参展。在2006年10月15日晚间举行的第100届中国出口商品交易会开幕式暨庆祝大会上,我和曾宪梓、许世元、张平沼等海外嘉宾共9人荣获温家宝总理颁发的"百届辉煌杰出贡献奖"。

卸任马中经贸总商会总会长后,我仍然受到广交会的高规格礼待,在每次广交会开幕大会上都被尊为重要嘉宾,铭感五内。

广交会迁入流花展览馆后,发展迅速,名噪一时。尤其在1978年后,中国实行改革开放政策,由计划经济改为市场经济,从而打破了外贸行业的垄断,生产企业、外资企业和各类新兴企业不断加入广交会参展队伍中,营造出势不可挡的态势。广交会从此进入了它的崛起时代。

2006年10月15日，温家宝总理在中国出口商品交易会庆祝100届盛典之际，颁发给全球9名有功人士杰出贡献奖，杨天培（左二）为其中之一

新兴企业如雨后春笋，不断成立，新产品层出不穷，品质日益提升，价廉物美，名闻天下，吸引无数国外商家前来与会。中国商品也大量进入马来西亚市场，一时吹起"中国风"，打响了"中国制造"品牌，这都是广交会所带来的功效。

从第101届起，广交会更名为中国进出口商品交易会，增加进口功能，成为中国进出口贸易双向促进平台。今天的广交会已经发展成为历史最长、层次最高、规模最大、商品种类最齐全、到会境外采购商最多、成交效果最好的"中国第一展"。

值得一提的是，当年马来西亚是世界最大橡胶生产国。1974年马中建交后，中国化工进出口总公司（Sinochem）特别在中国大使馆设立一个橡胶采购处。1988年，中国化工进出口总公司在吉隆坡设立子公司——裕华隆有限公司，本人受委任为董事，一直到该公司结业后而卸任，时达25年。

1990年，中国积极向海外招商引资，很多中央和省市代表团前来马来西亚推动招商计划，有的还在吉隆坡设办事处。身为中国的老客商和商会负责人，我们都义不容辞、全力以赴给予协助。我的企业也参与其盛，1993年在青岛棘洪滩投资建立了一间机电制造厂——青岛东辉机电有限公司。

2004年，我上任马中经贸总商会总会长，适逢首届"马来西亚中国出口商品展览会暨投资洽谈会"在吉隆坡举行。该展会由中国商务部主办、中国对外贸易中心承办、中国大使馆经商处和马中经贸总商会协办。续后，每年举办一次。本人当会长的6年里，一共成功举办6届。在大家的共同努力下，每届的展出效果都不俗，达到了预期目标，为促进马中经贸合作作出了积极的贡献。

长期以来，我们积极协助马来西亚政府国际贸工部和投资局，推动马中经贸发展和投资合作，取得了很好的成效。

2006年，中国旅客访马人数陷入低潮，马来西亚旅游部部长东姑安南特别委任时任中华总商会会长丹斯里钟廷森和马中经贸总商会总会长的我等人为中国市场咨询理事会（China Market Advisory Council）委员。在东姑安南部长领导之下，理事会委员积极提出改善机场服务设施及服务态度（包括增加华语广播）和走访中国进行促销活动等建议。今天我们乐见吉隆坡国际机场的服务已大大改善，中国旅客访马人次也大大提升。

数十年来，我频繁地往访中国。除处理本公司业务外，主要为商会组团带队访问考察，探讨商机，或受邀参加中国中央政府及省市举办的

2016年，参加博鳌亚洲论坛华商领袖与华人智库圆桌会议

重要活动，如中国国庆庆典、奥运会、亚运会、上海世博会、博鳌亚洲论坛、东亚峰会、华商大会、广交会、南宁中国—东盟博览会、中部博览会、西部博览会、哈洽会、东北亚博览会等，以及各省市举办的经贸活动。与此同时，还接待无数个莅访马来西亚的中国代表团，并受邀协助他们举办活动。

参加广交会和与中国业务来往是我大半世生活中的重要部分。由于我的企业倚重于中国的业务，所以我与广交会建立了密切的关系。长期以来，我的企业在交易会上不但获得很多商机，包括货源与市场，还建立了广泛的人脉关系，有的甚至成为我公司的合作伙伴。我要借此良机向广交会一路来给予我和我的企业的支持与帮助，致以最崇高的敬意和最衷心的谢意。

马来西亚能成为中国在东盟国家中的最大贸易伙伴,广交会可谓功不可没。长期以来,广交会为促进马来西亚与中国经贸发展扮演着非常重要的桥梁纽带角色,它不但为双方提供最佳的贸易平台,也做了大量的联系、宣传、推介、交流以及为双方企业界牵线搭桥、促进贸易发展、投资合作等工作,为马中经贸合作所作贡献巨大。数十年来,本人有机会出点绵力,感到非常有意义和无上荣幸。

血脉"链"起的合作之路
——记槟城与厦门的技术合作之路

许达维（马来西亚驻华使馆公使衔参赞）

槟城有"印度洋翡翠"之容和"东方硅谷"之范。厦门有"海上花园"之美和海峡西岸经济区中心城市之度。

从明清开始起，闽南许多民众迁移到了马来亚半岛定居，槟城是一个重要的落脚点。厦门本地语言为闽南话，槟城华裔流行福建话，福建话就是闽南语。语同源，隔桥闻语识乡亲，两城华人同根同语毫无距离感。

槟城和厦门都是各自国家重要的沿海港口；有着相似的经济结构，电子、旅游业都是重要支柱产业；都是重要的移民城市，开放、包容、团结、奋进是其城市精神的精髓。

1910年12月，孙中山先生在槟城创办的《光华日报》社址

1993年，马来西亚槟城和中国福建厦门，这两座世界上最相像的城市缔结为姐妹城市。为何不叫兄弟城市，而叫姐妹城市？我们只能揣摩这不知是当时哪位领导的绝妙创意。姐妹城市是对这两座城市友好关系的最佳比喻。这里讲述的是槟城与厦门在高科技互联网技术领域的合作故事。

南进篇

早在2008年北京奥运之年，大马微电子研究院（MIMOS）有两个电子产品国家项目需要进行开发，Intel、AMD、TI三家国际巨头皆有意为之。我时任MIMOS的高管，恰好负责该项目。作为技术专家和项目负责人，面对这些互联网技术巨头，我都割舍不下，左右为难。

为了保证项目质量与进度，我来到了厦门。厦门有一家AMD美国总部推荐的开发公司——厦门龙辉芯物联网科技有限公司。这家中国小公司能胜任项目开发吗？我心中无底，忧心忡忡。

我是福建厦门裔的第三代移民，作为一个互联网技术专家，到过很多中国城市，但厦门这个祖籍地是我今生第一次来。作为一个深谙中华传统文化的技术专家，我在飞机上开始了首次故乡之行，吟诵着思恋故乡的诗词，浮想联翩。

故乡有着神一样的魔力。厦门龙辉芯物联网科技有限公司的周宏围先生是中国国内著名的IT专家，中国许多创新电子产品均出自这位享受国务院特殊津贴的专家之手。这让我对这次故乡之行升起了满满的信心。

我们两位IT专家的此次故乡握手礼，开启了马来西亚槟城和中国

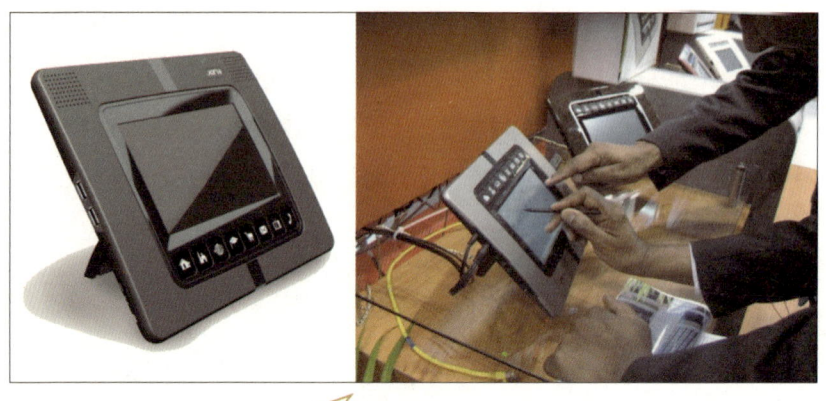

两位科技创新专家的合作成果,在 2008 年吉隆坡世界信息技术大会上展示

厦门两地多年的合作之路。故乡的龙辉芯公司不负海外乡亲的重托,顺利完成了多项开发任务,为故乡争得荣誉,赢得海外乡亲的赞誉!

北出篇

2014 年是马中建交 40 周年,9 月 9 日,马来西亚首次以主宾国身份参与"第十八届厦门投资洽谈会"。投洽会期间,马来西亚主宾馆获得参会者的高度关注与重视。

我当时正担任槟城维颖科技创新有限公司执行董事,率一行十余人出席了这次会议。此一行专家全是华裔,大部分是福建裔,少数是潮汕裔。此次厦门之行有两个重要任务,一是要在投洽会上签署一个合作项目,还有一个更重要的会议将在厦门举行。这个会议是要确定维颖公司与厦

马中双方的合作团队

门龙辉芯物联网科技有限公司合作进入中国集成电路芯片设计领域，开拓高端集成电路芯片的设计业务。对维颖科技创新有限公司和厦门龙辉芯物联网科技有限公司而言，这无疑是一个具有里程碑意义的会议。

在双方的会谈中，我代表槟城一行人说出了心里话："我们都是中华民族的后代，我们都有一颗中国心，我们愿意为中国开发大芯片！"语调并不高亢，但表达了拳拳赤子之心。"我们都有一颗中国心"引起大家的强烈共鸣。

槟城不愧为"东方硅谷"，林林总总聚集了2000多家国际著名半导体企业，其中包括集成电路芯片设计、芯片制造、芯片封装与测试等全产业链的公司。这里不但有美国半导体企业如英特尔（Intel）、超微半导体（AMD, Advanced Micro Devices）、博通（Broadcom）、高通（Qualcomm）、威讯联合（Qorvo）、思佳迅（Skyworks）、安森美半导体（ON Semiconductor）、西部数据（Western Digital）、美光（Micron）、是德科技（Keysight）、亚德诺（ADI, Analog Devices）、德州仪器（Texas Instruments）、国家仪器（National Instruments），还有德国、日本、韩国的半导体企业。

它们齐聚于此，使槟城的半导体行业百花齐放。

槟城的工程师数量也是数不胜数，他们掌握了世界上最先进的集成电路设计技术，扛起槟城半导体企业的半壁江山。

祖籍国的日益强大对海外游子社会地位提高的作用是不言而喻的。而在祖籍国极度缺乏这些高科技并被西方列强严密封锁的关键时刻，"归去来兮，田园将芜胡不归"，陶渊明的这一名句很能表达这些海外技术专家的心情。祖籍国亟待海外游子的反哺！

龙辉芯公司的陈君华总经理当即激动表示："我们将发挥我们的技术优势与客户资源优势，全力配合你们完成为中国开发大芯片的宏愿。"

从此，维颖科技创新有限公司和厦门龙辉芯物联网科技有限公司确定了集成电路芯片设计合作战略联盟关系，以厦门龙辉芯物联网科技有限公司作为槟城集成电路行业登陆中国的出发地，共同开发符合中国市场需要的集成电路芯片。

经过五年的市场策划，中马合作的第一个集成电路芯片项目 XP1903 于 2019 年在厦门正式启动。该项目可以说开局就一鸣惊人，"一鸣从此时，相望青云端"，为在中国的集成电路芯片研发之路开了一个好头。2020 年 6 月，XP1903 集成电路芯片项目第一颗人工智能芯片"泽帝"在双方努力下诞生了。"泽帝"将用于边缘计算，配合 5G 时代的到来。

我为槟城和厦门两地华人互联网技术专家的精湛合作喝彩，谓之"血脉'链'起的合作之路"。

在马来西亚亲历共建"一带一路"

贾鹏（中国建设银行马来西亚子行员工）

"义无反顾"投身马来西亚

2016年2月10日，我从湖南长沙出发，奔赴马来西亚吉隆坡，参加中国建设银行（简称"建行"）马来西亚子行筹备工作。彼时，我还是建行总行授信审批部项目评估处的一名普通员工。记得2015年9月刚入建行海外人才库的第一天，时任马来西亚子行筹备组组长的封奇总经理就打电话征询我的意见，我没有丝毫犹豫，立即表示愿意加入筹备组工作。

外派的各项人事、外事手续办得很快。然而，到2016年2月真正离开的时候，只有我一个人、一个背包加上一个行李箱。对于一个之前从未出过国门、毕业后英语知识也丢得七七八八的人来说，马来西亚是怎样的一个国家，未来我能否胜任相关工作，建行马来西亚子行的牌照能否成功申设，一切都还是未知数。彼时的我，心情有点惴惴不安，但更多的是激情澎湃。临行前，外公专门为我赠诗一首："垂天大翼展鹏程，飞越重洋壮远行。万顷银涛风力顺，马来西亚钓长鲸。"飞机上读着这首诗，夸张一点说，颇有一种600多年前"郑和下西洋"的感觉。前方征途就是星辰大海，我下定决心义无反顾地投身子行筹备和"一带一路"建设。

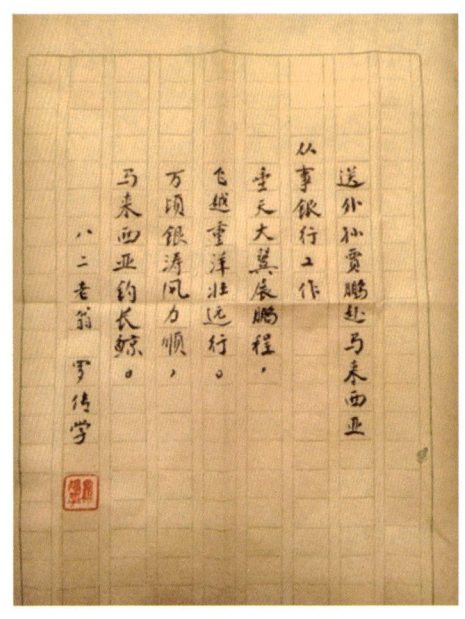

2016年2月10日,临行前外公赠诗送行

马来西亚子行筹备与验收

回想这四年的工作,我觉得心情最忐忑的就是筹备阶段,因为当时马来西亚子行筹备不确定性很大。如果牌照拿不下来,一是意味着两年来的各项资源、人力投入基本打了水漂,二是前期储备的"一带一路"客户、项目落地更加无从谈起。当时,马来西亚央行已连续10年未批准过商业性银行牌照的申请,而且,一个国家一般只批准两家银行(马来西亚已有中国工商银行和中国银行两家中资银行,交通银行、中国农业银行也有强烈的兴趣在马来西亚设立机构)。当时的准入部门甚至连新设银行需要哪些材料、央行内部如何审批申请以及审核牌照应走哪些流程都需要为建行重新单独制定。此外,马来西亚央行奉行高度审慎政策,审批程序极其严格。建行在马设立子行的难度可想而知。

2014年5月,为纪念中马建交40周年,纳吉布总理专程访华,展开友好之旅,双方达成加强包括金融合作在内的各领域务实合作的重要共识。马方还原则同意中国建行在马来西亚设立子行。11月,建行王洪章董事长在吉隆坡拜访马来西亚央行行长洁蒂女士,马央行欢迎建行来马设子行。子行申设流程开始启动。2015年2月子行筹备组成立。2015年3月,建行总行董事会决议同意在马来西亚设立子行,7月获得银监会批准。

筹备组在总行的支持下,齐心协力、各司其职,把工作事项细化分解,倒排时间表,集中力量逐个突破。封奇总经理和管理层以身作则,经常工作到凌晨。整个团队就像一个创业公司,士气高昂,内心只有一个目标:不拿下银行牌照誓不罢休。

2015年5月,子行筹备组正式向马来西亚央行递交申设子行意向函,8月提交正式申请。2016年4月,马央行主管部门完成审核。2016年5月,洁蒂行长退休,副行长穆罕默德接任。新任行长提出了批准牌照的资本、IT、基建、贸融和五个中心建设要求。2016年10月1日,历经两年的时间,经多轮反复协商和紧张的合规筹备,子行牌照正式获得批准。这也是马来西亚近10年来批准的首个纯商业性申请的外资银行牌照。

顺利拿到牌照后,我们就开始紧张的开业筹备。我们大家都有一个信念,越早开业,就能越早开始提供金融服务,为共建"一带一路"作贡献。记得拿到牌照的第一个星期,恰逢国内国庆长假,而我们筹备组全体员工都主动在办公室加班,商讨工作计划和分工安排。当时也没有其他自拍设备,大家想了个办法,用书撑着手机延时合影留了纪念。

当时我和一名当地员工萨荣(Sharon)负责牵头全行政策制度制定及风险相关验收工作,分别需要通过建行总行风险验收及马来西亚央行监管验收。总行风险验收涉及人力、风险、审批、信管、资债、内控合规等多个部门,各项工作均需按条线逐项汇报。马央行监管验收极为

2016年10月5日，建行马来西亚子行筹备组工作纪念

2017年1月27日，建行马来西亚子行试营业纪念

细致，要求也高，各类政策制度均需要完备且符合监管要求。

时间安排也极为紧张，我们风险条线感到很大的压力。管理层得知这个情况后，给予我们极大的支持。封奇总经理亲自组织了一次赴北京总行的风险验收汇报对接。当时我们总共准备了20多份验收汇报材料，刚好装满一个登机箱。到北京后，封总亲自带着我们一个一个部门作汇报。这次汇报下来，我们对总行海外机构管理的各项要求有了进一步的理解，总行各个部门均给予我们高度的评价，风险验收一次性通过。

有了这次汇报打下的良好基础，后续马央行的监管验收，我们风险条线顺风顺水，风险管理架构、人员、偏好、限额、制度手册都是一次性通过。2017年1月27日，子行正式通过验收，开始试营业。

支持马来西亚"一带一路"工业体系建设

外派前,我在国内一直从事工业相关领域的项目评估工作,牵头过总行对于钢铁、煤化工、氧化铝、液晶面板等多个行业的项目评估工作。开业三年来,建行马来西亚子行结合马来西亚市场特点,在"一带一路"倡议引领下,发挥自身优势,积极支持钢铁、汽车、石化等涉及国计民生并符合"一带一路"倡议的重点制造业项目,为在马中资重大投资建设项目提供了良好的融资和金融服务。建行在马来西亚支持完成和正在推进的众多项目已经成为两国合作的标杆项目。

截至 2020 年 6 月末,建行马来西亚子行已对优质制造业客户和项目累计授信近 40 亿美元。其中,授信支持的中马"两国双园"旗舰联合钢铁 350 万吨钢铁制造项目使马来西亚从钢铁进口国转为出口国;为宝腾汽车融资 19 亿林吉特(4.52 亿美元),支持吉利汽车为宝腾汽车引入全球一流的制造技术和建设吉利全球右舵车总装基地,助力马来西亚民族汽车品牌再度崛起复兴;授信 1.2 亿美元助力山东恒源石化并购壳牌马来西亚炼油有限公司,成为共建"一带一路"标志性成功并购案例。

在我经手的这些重大项目中,给我留下最深刻印象的就是恒源石化并购壳牌马来西亚炼油有限公司(以下简称"壳牌马来西亚")的授信过程。壳牌马来西亚 1960 年在马来亚联邦注册成立,1962 年在吉隆坡证券交易所(现"马来西亚证券交易所")主板上市,其最终实际控制人为荷兰皇家壳牌公司,控股股权为 51%。

2016 年 12 月 22 日,恒源石化完成了对壳牌马来西亚 51% 的股权并购。这笔交易价值 6630 万美元的并购,起初并不被市场看好,认为卖得这么便宜,资产肯定有"暗疾"。本地马来西亚银行对中方股东不了解,均不看好这个项目。各家银行提出的条件之一就是所有存量的贷款均需要置换。为此,恒源石化在收购时通过内保外贷,高成本置换了壳牌马来西亚存量的本地银行借款，期望并购后在马来西亚本地重新融资。

2017年5月的一天，封奇总经理和分管公司业务部的杨晴主管说有个客户过来，让我一起参加会议，就此我开始认识并熟悉了恒源石化的董事长王有德。记得在第一次会议上王董事长说："我们地方企业参与国际并购大有优势，由于目标较小，不容易被潜在的竞争对手所重视；在谈判中决策流程短、工作效率高、成本低、定位准，只要对境外国家文化、国情和法律深入了解并能积极适应，就会让看似不可能的事情变为现实。我们接手后，新企业2017年就能实现盈利。"我个人长年从事风险评审工作，往往对客户所说持怀疑态度。当时我心里就想，如果真的这么好，为什么中石油、中石化不买，让一个当时名不见经传的地方性炼厂收购？

半信半疑中，我开始收集资料，从上市公司壳牌马来西亚的年报读起，了解其亏损原因及资产负债结构，进而通过山东分行了解恒源石化集团经营情况及当地地炼行业政策，并与总行炼化行业相关处室主动交流，拿到了总行炼化行业的授信指引及评估指引。通过深入细致的分析，慢慢地我的疑虑开始打消。壳牌马来西亚虽在2013—2015年间炼油企业出现了亏损，但是公司基本面是向好的，部分资产并没有实际减值。预计随着国际油价回升，如果恒源石化采取灵活的对冲保值措施，这家公司盈利有一定保证，同时恒源石化在山东的经营也很稳定，风险可控。

此外，并购之后，恒源石化没有拿国内的管理经验去硬性改造，破坏企业原有的文化生态，而是致力于融合发展。恒源石化提出了"三不变"原则：管理团队、优秀的企业文化、员工待遇相对稳定不变，得到了企业本地员工上下的广泛认同，保证了无震荡并购。

全面接管企业后，恒源石化没有从国内向公司派驻一名管理人员，五个独立董事除一人辞职外全部留任，原来的荷兰籍生产运营总监升任

2018年1月23日,恒源石化4.3亿美元银团签约仪式

公司 CEO,企业人力资源、IT 业务打包后交给第三方服务机构。这一系列的动作更加让我感到恒源石化是在做实事,是在认真经营一家跨国性的公司。

在全面分析及判断企业经营及风险的情况下,子行管理层将这个项目作为 2017 年重点项目全力推进。还记得在第一次恒源石化银团筹组会议上,封奇总经理代表子行现场拍板,明确表态:这个项目,我们建行兜底,全额承销。于是,建行得到了客户的高度信任,成功成为银团的牵头银行。

虽然有了好的开始,但后续的授信过程远比想象艰难。一是当时客户已经属于跨境集团,国内企业没有做过综合授信。二是被并购企业多年连续亏损,恒源石化仅同意用项目资产做抵押,母公司较难提供担保。三是炼化行业在国内属于压缩退出行业,新增贷款较难。针对这些情况,当时管理层立即指示成立跨部门工作团队,从并购的历史沿革、交易的定价、马来西亚国家炼化行业的情况,到客户的经营优势、工艺技术、上下游锁定情况、财务表现、资本性开支合理性和未来五年的现金流，进行逐项分析、测算。整个授信过程从 2017 年 6 月启动申报到 2018 年 1 月正式批复，历经 7 个月。额度授信期间，子行两次赴北京就相关事项进行汇报沟通。业务审批中，我和主管领导三次赴香港向海外审批中心说明情况。客户自身经营也非常努力，项目并购完成以后，经过调整经营，迅速实现了转亏为盈，股价在一年多时间内从每股 1.97 林吉特上涨至近 20 林吉特，增长了近 10 倍。

感谢一路走来的朋友和师长们

记得有一句话："一路走来，看见的都是朋友和师长。"也记得古人说："三人行，必有我师焉。"每每在中央出台重要政策或总行召开重要会议后，子行都组织传达学习、贯彻落实。聆听子行领导阐述对新时代、新金融的理解，并鼓励我们以创新的思维、专业化的能力，用金融智慧、金融力量，解决社会痛点难点问题，支持服务"一带一路"，才知道我们的工作需要这么高的政治站位。更多时候，我为管理层在日常工作中把握大势、敢为人先的精神深深折服，很多当时我个人觉得很难完成的事情，最终都在管理层的带领指导下做成了。相比之下，我需要学习的东西真的太多，未来还需要不断努力，提升工作水平。

在海外工作的这几年，有机会与我们建行优秀的前台主管们共事。不同的前台部门风格各异，但都有很强的专业能力，大家在一起，能时常感受到彼此努力拼搏、支持业务发展所付出的努力和所取得的成绩，让人不禁感叹："身边的榜样"全是"满满的正能量"！

丰富多彩的马中教育合作

杨银梅（彭亨大学孔子学院马方院长）

彭亨大学孔子学院（彭亨孔院）是马来西亚第三所孔子学院，2018 年 11 月获批，次年 10 月揭牌。此前，从 2004 年开始，彭亨大学在开设汉语课程、开展汉语培训等方面就累积了一定的经验。2010 年，彭大与中国河北大学建立起教育合作关系。

2012 年，马中两国政府开始共同建设马中关丹产业园和中马钦州产业园，创造了"两国双园"的国际合作新模式。关丹产业园是马来西亚国家级开发区，距离彭大仅 70 公里。彭大是一所公立理工科大学，主要研究领域为工程和技术。马中共建关丹产业园，无疑将促进中资入马，并带动周边经济快速发展，尤其是商业与旅游业的发展，汉语需求也将随之提高。

与河北大学建立汉语文化中心

意识到汉语教育日益增长的重要性，彭大于 2010 年把培养汉语人才纳入大学发展计划，并与河北大学建立了友好合作关系。两校合作建立的汉语文化中心于 2011 年 1 月揭牌。该中心是马来西亚高校唯一建立的汉语文化中心。其宗旨为推广汉语，传播中华文化；开设汉语语言和文化课程；组织语言和文化活动。

作为海外汉语圈成员，马来西亚较早建立了从小学至大学的汉语教育体系，中文作为母语教育课程有较完整的教育体系。2004年起，彭大开始提供多门外语课程供学生选修，如汉语、日语、德语、阿拉伯语、西班牙语等，其中学分制的汉语课程最受欢迎。汉语课程的学习者主要是非华裔大学生。

随着汉语需求的不断增加，开始出现汉语教师不足的问题。彭大遂于2011年向中国国家汉办提出申请，希望中方选派汉语志愿者来校服务。2011年9月开始，每年都有3—4位志愿者前来执教。至今，已有34位志愿者在彭大服务。汉语文化中心在其中发挥了很好的纽带和桥梁作用，并尽力协助志愿者克服生活上的困难，让志愿者无后顾之忧，全身心投入汉语教学工作。

开设汉语课程

起初，彭大提供学分制的汉语课程分为华语1和华语2，由彭大本土汉语教师与志愿者负责执教。随后，又开设了非学分制的汉语课程。针对零基础的学生开设汉语课程的确具有挑战性。我们就从摸索学生的学习需求开始，以汉语水平考试（HSK）大纲作为标准，选用合适的汉语教材、教学安排、考试模式，每学期根据学生学习情况作出适当的调整。

后来，非学分制的汉语班慢慢增加至汉语1级到4级，汉语课程也越来越多元化，包括汉语1、汉语2、汉字课程、HSK1级至HSK6级密集课程、中华才艺课程，等等。中华才艺课程包括书法、剪纸、中华歌曲、水墨画、脸谱、中国茶艺、学习使用筷子等内容。

彭大规定每个语言班限收30人，虽然每年开设至少45个至50个班，但仍然无法满足学生对汉语的需求。2004年初设汉语课程时，只有228名学生选修。2013年起，增加到1000名，而2016年起，每年都超过1500名。

汉语文化中心积极鼓励学生报考汉语水平考试（HSK）。第一批共11名考生于2013年底报考，获得优良成绩。前中国驻马使馆文化处主任高炜先生2014年2月亲临彭大颁发证书。自2013年起，彭大每年组织两次HSK考试，本土教师亲自带领学生跨州到位于吉隆坡的马来亚大学孔子学院报考。

后来，有三位非华裔学生获得孔子学院奖学金到天津大学学习，一时成为学生群的佳话。随后，选择汉语作为外语的非华裔学生激增。学生每学期可以在网上选择修读的课程。因资源有限，汉语老师无奈地拒绝了许多学生。每逢报名课程时期，网络都出现抢汉语课的情况。至今，汉语作为外语选修课仍然是非华裔学生的首选外语课。

为帮助非华裔学生在短时间内掌握汉语，彭大数次修订汉语课程设计，更换使用的汉语教材。汉语课程改为以HSK大纲为标准，对汉语初学者更加具有针对性。同时改进教学方法，以帮助学生循序渐进地学习汉语。鉴于汉语课程课时有限，2017年我与本土汉语教师编写出版了本土汉语教材，即《华语1》和《华语2》。这两本教材以HSK1级和HSK2级的词汇及语法点为基础，增加了一些本土色彩的内容，使非华裔学生更容易接受。教材练习以HSK考试题型为依据，使学生熟悉HSK考试模式。2017年，彭大本土汉语教材获得马来西亚国际教育书籍奖。

语言文化活动

为巩固非华裔学生学习汉语的成果，在大学校园缺乏汉语语言环境的背景下，马来西亚本土汉语教师及中国国家汉办志愿者携手带领大学生举办丰富多彩的中华文化活动，如新春文化展览、汉语言文化周、精明伙伴汉语学习营、华语说话比赛、全国大专华语说话比赛等，鼓励学生在实际使用中提高汉语水平。

新春文化展览是配合农历新年举办的，所展示的内容包括春节习俗、十二生肖、剪纸艺术、写春联以及包饺子活动。汉语言文化周的项目包括文化展、茶艺介绍、太极演示、大学生说话比赛、校内汉语问答比赛、年糕制作活动等。2020年1月，彭大孔院首次在校外举办新春文化活动，并与关丹技职学院联合举办迎新春中华文化体验活动。孔院志愿者教师负责指导学生，现场一派喜气洋洋的热烈气氛。

从2012年起，彭大开始与当地华文小学联办精明伙伴汉语学习营。这是为非华裔生设计的实景汉语会话活动，旨在创设汉语学习环境，提高他们对学习汉语的兴趣。此项活动主要通过语言游戏让非华裔感受学习汉语的乐趣。这项活动自创办以来，得到校内学生及彭亨州华文小学的支持与赞扬。

华语说话比赛旨在为我校非华裔学生提供一个竞赛平台，鼓励他们运用华语进行表达。此项比赛也作为非华裔学生参加马来西亚全国华语说话比赛以及"汉语桥"世界大学生中文比赛的选拔赛，受到非华裔学生的热烈支持与响应。鉴此，汉语文化中心毅然决定向其他大专院校推广该项活动，自2011年11月起，开始不定期举办全国大专华语说话比赛，迄今已举办三届，引起各界广泛关注。

2013年，马来亚大学孔子学院组织"汉语桥"世界大学生中文比赛，彭大学生在我和其他汉语老师的支持下积极参与，印裔学生佳姆娜获得马来西亚区域赛冠军，并代表马来西亚远赴中国长沙参加"汉语桥"比赛。为准备参赛，我每周都载送学生到关丹舞蹈学院学习，提高学生的舞蹈才艺。功夫不负有心人，佳姆娜同学在"汉语桥"世界大学生中文比赛亚洲组荣获优秀奖和优秀风采奖。佳姆娜同学的成功，鼓励了越来越多的非华裔学生学好汉语，以便有机会为国争光。此后，彭大每年都派学生参与"汉语桥"世界大学生中文比赛马来西亚区域赛，参赛学生均有亮眼表现。

此外，彭大还有一个以学习汉语为宗旨的团体——"华文学会"。这是附属于彭大学生事务处的一个学生团体。汉语文化中心的许多活动都由华文学会协助推行。该学会常年的活动包括汉语辅导班、汉字书写练习营、新春挥毫比赛、华语歌唱比赛、包饺子学习营、端午节包粽子活动等。这些活动都吸引了华裔与非华裔的大学生参与，彭大校园也因此活跃起来了。通常，华裔学生作为辅导员，协助非华裔学生学习和使用汉语交流。

宣传活动与奖学金说明会

从早前的汉语文化中心至成立孔子学院，彭大每年都参与马来西亚高等教育部举办的大学教育展。最为隆重的是2020年2月，彭大获选为主办方，彭亨州摄政王东姑哈沙纳莅临开幕式并致辞。彭大孔院受邀出席并设有展位，马中双方院长、孔子学院志愿者教师和孔院工作人员参加。中方院长郭伏良教授亲自为东姑哈沙纳介绍孔子学院和汉语课程。彭大孔院向大众宣传汉语课程、HSK、筷子文化。志愿者带领学生在展览会上表演八段锦。

2019年4月，彭大孔院举办留华奖学金说明会，北京交通大学、宁夏大学和河北大学都派人出席，现场给学生介绍留学中国的情况，并与听众互动交流。2020年6月，受新冠肺炎疫情影响，说明会改为线上举办，河北大学、宁夏大学、兰州理工大学、广西民族大学等六所中国大学和来自马来西亚各地的高中毕业生以及家长参加。郭伏良教授通过图片和表格，与大家分享了六所大学的基本情况、坐落城市、专业设置、奖学金内容以及申请奖学金的条件要求和报名方法。彭大孔院致力于推广汉语及宣传中华文化,这有助于马来西亚各种族对中华文化的了解,同时也促进了马来西亚的和谐与安宁。

中国夏令营、冬令营、汉语四周班

彭大与河北大学举办过中国河北夏令营、冬令营。2013 年,16 位彭大华裔学生参与了为期 14 天的河北夏令营;10 位非华裔学生参加了 2015 年河北冬令营。2019 年 7 月,彭大首次以孔子学院的名义组织了汉语四周班,13 位彭大学生在河北大学学习汉语,短期内提升了汉语水平。这些活动为彭大学生提供了实地体验中国的机会。除了学习汉语和文化课,河北大学还组织了家庭访问和互动,活动缤纷多彩,天天学习,不亦乐乎。两校学生也相互交流,加强了校际联系。2020 年 7 月,6 位彭大学生参加了上海大学线上暑期项目。同学们都期盼亲临中国,感受汉语学习的氛围,品尝汉语教师介绍的中国美食,亲身体验中华艺术等。

企业汉语培训

彭大也为马来西亚企业提供汉语课程,如基础汉语、会话汉语、密集汉语、商务汉语、铁路汉语和工业汉语等。参训学员来自马来西亚奔驰汽车公司、关丹港口、彭亨州政府办公室、马来西亚国民信托基金机构、关丹社区学院、马来西亚铁道公司,以及马中关丹产业园的中资企业。彭大把中华才艺及文化融入课程设计中,帮助受训学员进一步了解中华文化。这些汉语培训课程的主要对象是零汉语基础的成年人,包括公务员、工商机构的职员和公众人士。彭大汉语文化中心的培训咨询服务得到各界参与者高度评价。

2011年8月至2012年2月，汉语文化中心为马来西亚奔驰汽车公司德国籍的首席执行官进行"会话汉语"培训。这位高管为到中国公司开会做准备，提前学习汉语。

随着广西北部湾国际港务集团入股关丹港口，关丹港口领导层感受到掌握汉语的需要。于是，汉语文化中心在2013年9月至2014年2月为关丹港口马来西亚非华裔高层领导提供"会话汉语"课，约100人次。此培训主要培训各个部门的主管与领导掌握汉语，以加强马来西亚籍和中国籍员工的沟通与交流。

2014年9月至12月，汉语文化中心为彭亨州政府办公室开办"商务汉语"班，有44人成功完成培训。接受培训的学员皆是汉语零基础的马来学员。培训班通过介绍中华文化，增加学员对汉语学习的兴趣，激励他们坚持完成整个培训课程。

2016年8月至2017年1月，汉语文化中心为马来西亚国民信托基金机构马来员工开办"企业汉语"班。该机构没有华裔员工，为加强马来员工和华裔客户的沟通，决定对员工进行汉语培训。这些员工下班后投入汉语学习中，展现出高度的热情。此外，汉语文化中心也为有需要的社区学院提供汉语课程。

马来西亚东海岸铁路"铁路汉语"培训项目

2017年，马来西亚铁道公司与中国交建公司合作建设马来西亚东海岸铁路（马东铁）。彭大获得马来西亚高等教育部批准，开始承办有关"铁路汉语"的培训。为此，彭大特别成立了马东铁筹委会，我获选成为筹委会成员,为马东铁各项会议承担翻译工作。同时,彭大建立"铁路技术培训中心",并与中国交建公司旗下合作方北京交通大学和西南交通大学一起组织铁路培训。2017年9月,彭大与北京交通大学开设第一批铁路培训,主要以英语为媒介语培训本土员工。为减少两国员工间的语言障碍,铁路培训方案增加了铁路汉语培训。

2018年,汉语文化中心为马东铁员工开办了五个铁路汉语班,主

2018年1月,对马来西亚东铁项目职员进行铁路汉语培训

要学习有关铁路的技术汉语。文科出身的我只好自学以加强有关铁路的专业知识。除了从网上查寻一些资料,我也买了中国铁路汉语的教材。后来,我发现这些教材主要针对母语学习者学习铁路专业的内容,程度相当高。对于汉语零基础的本土员工,既要让他们迅速掌握日常汉语,又要掌握铁路的技术汉语,实在是一项挑战。经过大量阅读资料后,我与彭大铁路技术培训中心商定铁路汉语课题,然后组织本土教师和志愿者共同编写《铁路汉语》。从此,彭大汉语推广逐渐迈向专业汉语的方向,不再局限于初级汉语。

马中关丹产业园"工业汉语"培训项目

2018年，彭大汉语文化中心与坐落在马中关丹产业园的联合钢铁集团数次开会，商定给关丹产业园本土员工提供工业汉语培训，并且落实实习生培训计划，推荐优秀毕业生到产业园工作。2018年11月，汉语文化中心为联合钢铁集团开办"工业汉语"，为非华裔员工培训汉语。为了编辑适合钢铁工业的教材，我拜访了联合钢铁厂，了解了钢铁制造程序，并采访了本土员工，了解他们在工作上面临哪些语言障碍。汉语培训课程设计面向钢铁工业，更符合工业领域的汉语需求。

2018年11月，对马中关丹产业园员工进行工业汉语培训

彭大与中国大学访学项目

彭大与中国多所大学签署合作协议，开展交流合作。主要合作交流的大学有河北大学、宁夏大学、北京交通大学、河北科技大学等。两国大学在教师互访、本科生交换培养、研究生联合培养、科研合作等方面进行了定期的交流合作，并取得丰硕成果。

2014年起，宁夏大学与彭大机械工程学院、土木工程学院、化工学院以及科学与工业技术学院等多个院系开展合作。2017年，宁夏大学机械工程学院的两校学生交换培养计划获得了宁夏回族自治区教学特等奖，2018年获得高等教育国家级教学成果二等奖。

2014年起，宁夏大学141名本科生在彭大完成一学期或一学年的交换培养，彭大则有115名学生在宁夏大学完成一学期的交换培养。2018年起，彭大本科生也到北京交通大学完成一学期交换培养。同时，宁夏大学和北京交通大学硕博生赴马来西亚、彭大研究生赴中国进行交流学习。

2014年起，彭大与宁夏大学共派了10名教师访学交流，为两校将要开展的双学位教育合作做好准备。彭大与河北大学、北京交通大学也互派教师访学交流。两国大学教师也就科研项目开展合作交流。

兴办孔子学院，深化教育合作

随着马中关丹产业园的落成，彭大与中国大学的交流不断深化。有感于东海岸人民学习汉语的需求将不断地提高，彭大领导层2015年初提出要把汉语文化中心提升为孔子学院。而后，彭大与河北大学拜访了中国国家汉办，并积极筹备申办孔子学院。

2016年，原任汉语文化中心主任退休，由我接手申办工作。在河北大学帮助下，我对申办孔子学院流程作了了解。接着，对马来半岛东海岸汉语需求进行调研，并积极寻求有效的解决方案。我还拜访了马来西亚旅游局彭亨分会，收集了在彭亨和东海岸旅游的中国游客信息，为彭亨州旅游业制定培训方案。

根据孔子学院办学所需要的场所、设施和设备及办学经费，我向大学主管部门呈交计划书，汇报孔子学院未来发展蓝图。同时，申请并保留国际教师公寓给未来的志愿者教师与中方人员。随后，我向彭大理事会呈交孔子学院管理机制及运营计划，并获得批准。孔子学院办学所需要的场所、设施和设备以及办学资金均得到了有效保障。

对于孔子学院的英语名称，起初以汉语拼音拼写方式来命名，即"Kongzi Institute"。当初申办孔子学院的材料都准备了三种语言文本，即马来语、英语和汉语。马来语材料是提交给彭大理事会以及马来西亚高等教育部的。汉语和英语申办材料是提交给中国国家汉办的。

一切就绪，彭大向马来西亚高教部提出申请，将汉语文化中心升格为孔子学院，获得批准，有效期从2016年9月30日开始。彭大继续与中国河北大学合作，共同设立孔子学院。

2016年12月，河北大学副校长到访彭大，实地考察孔子学院筹备情况。随后，彭大副校长和河北大学副校长一同拜会了中国驻马来西亚大使馆，提交孔子学院申请材料，并向使馆领导汇报了汉语文化中心现况及孔子学院申办工作进展。2018年11月，彭大孔子学院获得批准。彭大汉语教育就此迈上新的台阶。

彭亨大学和河北大学代表拜会中国驻马来西亚大使馆

2018年，彭大校长受邀参加在成都举办的孔子学院大会。参加大会时，我校校长亲眼看见来自世界各国的人都能说一口流利的汉语，感到非常惊讶。校长对中国、孔子学院以及汉语发展有了进一步的了解。为便于彭大宣传孔子学院，我校2018年12月向马来西亚高等教育部提出将孔子学院命名改为全球共用的名称，即Confucius Institute（简称CI）的申请。2019年1月，马来西亚高等教育部批准彭大孔子学院命名申请。

随后，彭大校长亲临孔子学院指导装修工作。同时，彭大与河北大学开始筹备孔子学院揭牌仪式。2019年10月，孔子学院正式揭牌。河北大学艺术学院派团为揭牌仪式作艺术表演。活动当天，吸引了各族职员和学生，现场不时传来赞叹声和掌声。两校举办了一连五场的马来西亚—中国文化艺术节，表演舞蹈、武术、歌曲等节目，热闹非凡。由于

2018年，马来西亚彭亨大学获批兴办孔子学院

反响热烈，彭大与河北大学计划每年轮流举办文化艺术节，借此推广两国文化艺术。

孔子学院成立后，彭大将与中国大学开展双学位教育纳入学校发展规划，两国在教育领域的合作进一步深化。值得欣慰的是，彭大孔院于2020年3月获得中国国家汉办批准，设立汉语考试点。从此，马来西亚东海岸的学生再也无须舟车劳顿，跨州到遥远的考点考HSK了。

孔子学院是促成马来西亚与中国高校、企业合作的有效载体。孔子学院作为桥梁，加强了马中教育合作，促进了海外汉语教学事业发展，增加了两国人民的相互理解和友谊。我很荣幸有机会参与彭大汉语教育工作，亲历了从汉语教学、课程设计、教材编写、文化活动组织、学生培训，到汉语教师指导、汉语培训、翻译、两国教育合作等各个环节。这些都为我的教育职业发展打下了扎实基础，并丰富了我的人生。我相信，坚持与热忱将引领我继续探索汉语教育的广阔领域。

开启中马防务合作新篇章

张仲敏（中国前驻马来西亚大使馆武官）

军事交往与合作是中马双边关系的重要组成部分。2015年9月，我从中国驻匈牙利使馆武官处转任驻马来西亚大使馆陆海空三军武官，2017年10月离任。这是我驻外武官生涯的最后一站，时间虽短，但印象深刻、收获良多。其间，恰逢中马双边关系处于历史上最好时期，中马两军交往也进入1995年互设武官处以来的最佳时期，以"和平友谊"实兵联合演习为代表的军事外交蓬勃开展，两军领导人频频互访，战略互信不断加强，防务安全合作迈上新台阶，为深化中马全面战略伙伴关系增添了重要内涵。

中马两军交往历史悠久

记得我到任后首次拜会马来西亚军方领导人时，马来西亚武装部队司令祖基费利上将在对我履新表示欢迎后，突然发问："张武官，您知道谁是第一个访问马来西亚的中国将军吗？"我脑海中瞬间闪过所有曾访马的我军领导人的名单后，会心一笑回答说："您说的一定是610年前的郑和大将军！"祖基费利将军回应说："正是。所以，我们是老朋友！"东道主这番开场寒暄，一下子拉近了我这初来乍到者与驻在国的距离，也凸显了中马两军关系的友好温度。马方是这样说的，也是这

2016年7月25日,马来西亚武装部队司令祖基费利上将出席中国人民解放军建军89周年招待会

样做的。我任内所有重要军事外交活动,祖基费利将军等马军方领导人从未缺席。

中马两军交往可以追溯到15世纪郑和下西洋的历史壮举。从1405年(明永乐三年)开始,也就是马来西亚历史上第一个有史可载的马六甲王朝建立两年后,时年36岁的大明王朝通番正使、总兵官郑和统帅27000多人的庞大舰队七下西洋,其中五次驻节马六甲,由此翻开了中马军事交流的序章。郑和推行和平外交,稳定东南亚国际秩序,发展海外贸易,传播中华文明,体现了中华民族开放进取、睦邻友好、交流合作的精神,为中马两国、两军友好关系奠定了深厚历史根基。

马来西亚是我国重要的海上邻国,是我国对外开放、开展互利合作的重要伙伴。马来西亚坚持独立自主的防务政策,积极应对宗教极端主义、民族分裂主义和恐怖主义威胁,注重加强多边军事合作。马军以联合、威慑、多样化为建设方向,积极推动转型,打造能在陆、海、空及信息领域遂行各种作战任务的"四维武装部队",不断加快军队现代化建设步伐。

随着国际形势不断变化,特别是在美国实施"亚太再平衡"战略以来,西方某些国家蓄意插手南海问题,企图孤立、牵制、遏制我国发展,本地区的安全形势日趋复杂,恐怖主义等非传统安全威胁也在上升。马来西亚地处东南亚中心位置,扼守马六甲海峡,连接海上东盟和陆上东盟,自古以来就是海上丝绸之路的重要节点和中转站。我国每年50%的出口商品和80%的石油进口要通过马六甲海峡进行运输。进一步加强中马两国军事安全领域交流与合作,增进战略互信,对于维护周边和平,特别是共同维护南海地区来之不易的稳定局面意义重大。

1974年,在东西方冷战的大背景下,马来西亚打破坚冰,在东盟国家中率先与中国建交。随着双边政治、经济关系的发展,两军交往与合作也逐步步入正轨。1992年4月,中国军方领导人应邀出席在马来西亚举办的第3届亚洲防务展,开启了现代两军交往的大门。1995年,两国政府决定互设武官处,两军交往逐步增多,两国防务部门和两军关系呈现出良好发展势头。2013年10月,习近平主席对马来西亚进行了历史性访问,两国关系上升为全面战略伙伴关系,两军交往与合作也进入了崭新的历史阶段。

2016年11月,中马两国防长在两国总理见证下签署《中华人民共和国政府和马来西亚政府关于双边防务合作谅解备忘录》,双方在高层互访、防务磋商、联合演练、人员培训、院校交流、军舰互访、军工科技等多个领域开启了全方位合作。两军领导人像走亲戚一样频繁互访,保持了密切接触和沟通。马防务和军队最高领导人多次出席香山论坛,发表主旨讲话和演讲。在美插手南海并怂恿周边国家对我发难的情况下,中马双方以"双轨思路"处理南海问题,有效管控和妥善处理了具体争议,通过友好协商共同维护南海和平稳定。

联合军演开启两军务实合作新篇章

在中马两军交往与合作中，联合军演具有重要的指标性意义。自2012年始，两军开始联合举行代号为"和平友谊"的系列演习，演习规模逐步扩大，演习内容逐步深化。其中，2015年9月17日至22日举行的"和平友谊—2015"联合军事演习，是中国迄今为止与东盟国家举行的规模最大的双边联合军事演习。演习内容包括联合护航、联合搜救、联合解救被劫持船只、实际使用武器以及人道主义援助与救灾行动等课目。中方派出了兰州舰、岳阳舰、和平方舟医院船、4架运输机、3架舰载直升机以及陆海空军共计1160人参演。马来西亚海军派出了包括"杰巴特"号、"雪兰莪州"号导弹护卫舰在内的多艘舰艇及多架直升机和大量军事人员参演。联合实兵军演规模达到了战役级别。

2015年9月22日，中马"和平友谊—2015"联合军演圆满落幕

本次演习实现了四个"首次"：我军首次与东盟国家军队组织战役规模的实兵演习；我军首次派遣陆海空三军兵力遂行远域非战争军事行动任务；我军首次依托外军基地对联合实兵行动进行保障；两军首次建立联合指挥机构并采用了联合力量编组方式。通过军演，两军不仅建立

了海上联合防范机制,预演了联合应对行动,而且积累了宝贵的实践经验。演习的成功举行,对于加强两军联合应对海上非传统安全威胁的能力、促进两国务实交流与合作、提升战略互信都具有划时代的意义。

"和平友谊—2015"实兵联演后,中马两军合作继续向纵深发展。"和平友谊—2016"联合军演是我军首次与上合组织以外国家军队进行战略战役层面的演习。演习以"人道主义联合救援"为课题,分为参谋部演练和实兵演练。联合导演部和指挥部的两军人员融合混编、紧张作业,双方实兵部队对口编组、扎实联训。联演集战略、战役、战术于一体,层次高、要素全、联合深、内容多,是一次高水平的联合军事演习。

2016年11月24日,马来西亚国防部长希沙慕丁观摩中马"和平友谊—2016"联合军演

而"和平友谊—2018"演习则进一步向东盟其他成员国扩展,由中马泰三国联合举行,充分展示了三国军队深度协作、联合筹划、精准行动的能力素养,体现了三国加强防务能力建设、有效应对非传统安全威胁和维护地区安全稳定的坚定决心,增进了中马泰三国政治互信和军事合作。

2017年7月14日,在"中国国防大学马来西亚同学会再聚首"招待会上致辞

    中马两军除保持密切人员交往和联演联训外,还在人员培训方面进行密切合作。双方互派军事留学生,开展军事院校合作。马来西亚常年派出高阶军官到中国国防大学留学,至今毕业逾百人。赴华留学军官回国后担任了从武装部队参谋长到师旅主官等各级重要职务,成为中马两国两军友好的重要力量。2015年,首个中国以外的中国国防大学校友会在马来西亚成立,并与中国驻马使馆每年举办"中国国防大学马来西亚同学会再聚首"活动,大家欢聚一堂,载歌载舞,共同合唱熟悉的中国歌曲,见证中马两军友好关系的发展。

    我国还每年派出军队领导人、知名学者和大型军工企业出席和参加马来西亚主办的亚洲防务装备展(DSA)、兰卡威国际海事和航空展(LIMA)以及国际防务研讨会。特别是2015年3月,中国空军八一飞行表演队女飞行员首次出国飞行表演便来到马来西亚兰卡威,引起巨大轰动。参观者无不为精彩的飞行表演鼓掌喝彩。航展期间,无论是入住酒店、乘车出行,还是就餐购物,当地人遇见中国同胞时,都会兴奋

2015年3月17日，八一飞行表演队女飞行员首次国外亮相（中间者为余旭）

2016年11月15日，马来西亚民众在巴生港迎接我海军531编队

地竖起大拇指说："I know China Air Force, awesome！"当听到曾参加兰卡威航展飞行表演的女飞行员余旭不幸因公殉职的噩耗时，马军领导人第一时间致电表示悼念和慰问，体现了两军密切友好关系。

值得一提的是，1997年2月27日至3月30日，中国海军"青岛"号导弹驱逐舰、"铜陵"号导弹护卫舰组成的舰艇编队访问马来西亚、泰国、菲律宾三国，这是自明朝郑和七下西洋、五次驻节马六甲600多年后，中国海军舰艇首次访问马来西亚。此后，中国海军编队多次到访

2020年1月20日,由中国建造的"短剑"号濒海任务舰抵亚庇海军基地,当地军民举行了隆重的欢迎仪式

马来西亚港口和海军基地,赢得了马军高级将领、政府官员和当地民众的高度认同和赞赏。马方多次为我海军编队执行亚丁湾护航等重大任务提供了可靠补给保障。通过舰艇到访,还增加了两军和两国人民的相互了解和信任。我国自行设计制造的现代化战舰、军容严整神采飞扬的海军官兵,成为一道靓丽的风景线。当地华人华侨更是为中国综合国力的强盛、人民军队的强大、发展势头的强劲而备感自豪。

2017年1月,中国海军039型潜艇首访马来西亚沙巴州首府哥打基纳巴卢,更是引起国际社会关注。国际媒体评论认为,中国潜艇访马意味着中马两国及两军互信已上升到一个新的高度。

马来西亚海军亦多次访问我国。自2002年始,马海军多次派舰访问上海、香港、青岛等地,并参加由我国组织的多国海上联合演习,马海军司令卡马鲁扎曼上将登上中国首艘航母辽宁舰参观,并在舰上特设的清真餐厅就餐,成为在中国航母上就餐的首位外国海军司令。

随着政治互信和两军关系的不断深入,两国在军工合作领域也取得了重大突破。2017年4月21日,两国政府正式签约由中船重工为马来西亚皇家海军设计并建造四艘濒海任务舰,用于执行巡逻、反恐、搜救、护渔等任务。这是中国军工企业首次向马来西亚出口大型军事装备,对于马中两国关系的推进具有重要的里程碑意义。

2019年12月31日,濒海任务舰首舰"短剑"号交付使用。之后,马海军在东马沙巴亚庇海军基地举行了隆重的迎舰仪式。马来西亚国防部采购司司长胡塞尼·拉赫曼感言,"短剑"号是他所见过的最漂亮的军舰。

人文篇

> 毛莉、张六陆：来北京就像与老朋友重逢
> ——记马来西亚驻华大使努西尔万
> 白雨竹：熊猫"使者"萌动马来西亚
> 春小喜：做一个维护马中友好视频主的体验
> 张雅诰：我的中国情缘与琴缘
> 阿旺·沙利延：中马友谊，亘古弥新
> 王佳睿：我和马来语的故事
> 朱　炜：2020，我的庆幸与感恩
> 陈佩洁：难忘沙巴

来北京就像与老朋友重逢
——记马来西亚驻华大使努西尔万

毛莉、张六陆（人民日报海外网记者）

在马来西亚，郑和五访马六甲的故事广为流传，华人社区遍布全国，走在街头常常可以看到中文招牌……作为隔海相望的近邻，马来西亚与中国友好交往的历史源远流长。马来西亚驻华大使拉惹·拿督·努西尔万的中国情缘，就是中马好邻居、好伙伴的生动写照。努西尔万近日接受人民日报海外网采访时表示："我很高兴到中国，我在吉隆坡时就交了很多中国外交官朋友，来北京就像与老朋友重逢。"

马来西亚驻华大使拉惹·拿督·努西尔万近照

"女儿想回北京"

在拉惹·拿督·努西尔万看来，中国在马来西亚人的生活中从来不是抽象符号，"马来西亚人口中大约四分之一是华人，他们中有人的先辈甚至600多年前就来到马来西亚。他们带来的中华文化与本土文化融合成马来西亚独特的'娘惹文化'"。

努西尔万出生于马来西亚首都吉隆坡，当地有很大的华人社区。儿时的他常常到华裔朋友家做客，品尝中式家常菜、听粤语歌、看香港电影。努西尔万和中国的缘分，那时就在他心中埋下了种子。

这颗种子，伴随努西尔万的外交官生涯，悄然成长为参天大树。同中国人打交道、交朋友，给努西尔万留下了太多难忘记忆。他至今无法忘记25年前他初访北京时一位帮助过他的宾馆服务员。当时努西尔万住在宾馆14楼，有一次房卡突然失效，路过的宾馆服务员为了帮他换新房卡，满头大汗上下跑了两趟。这虽是件小事，却让努西尔万深深感动。

从这位宾馆服务员身上，努西尔万看到了普通中国人的敬业和热心，感叹千千万万这样的普通劳动者预示着中国不可估量的未来。"自那次以后，我来过中国20多次，亲眼见证了中国尤其是北京的发展。"努西尔万说。

到中国当大使，不仅让努西尔万的中国情缘日益加深，还在他的孩子身上有了新延续。跟努西尔万一起常驻中国的，还有他不到六岁的女儿。因为闲暇时间要陪女儿"打卡"游乐园和商场的缘故，努西尔万一家深深融入了中国人的日常生活：用手机软件打车、在淘宝买玩具、寻觅"网红"餐厅。由于疫情影响，努西尔万暂时回国的家人短时间内无法回中国，但"女儿在家闹着要收拾行李，迫不及待想回北京"。

用中文为武汉加油

疫情的阻隔让努西尔万一时无法和家人团聚，也错过了小儿子的降生，但努西尔万说坚守岗位是特殊时期大使的使命。努西尔万表示，他在防疫期间肩负着三重使命：一是保障在华马来西亚公民的健康与安全；二是促进两国抗疫合作；三是为两国在后疫情时代的合作铺路。

留在中国，努西尔万见证了中国的抗疫壮举，也为中国抗疫加油鼓劲。努西尔万曾到访武汉，对这座拥有"九省通衢"美名的城市有一份特殊好感，"武汉有快速发展的高新技术产业，有1000多万人口的巨大市场，还有好吃的热干面"。

2020年2月，努西尔万录制了一段为中国抗疫祈福的视频，并发布在马来西亚旅游局官方微博和微信公众号上。他在结尾处用中文说的那句"中国加油，武汉加油"，打动了无数中国网友。在努西尔万看来，中国之所以能成功控制住疫情，得益于各级政府对疫情的快速响应以及中国人民对防疫措施的严格遵守。

努西尔万大使参观北京生物制品研究所（视频截图）

马中两国的守望相助，让努西尔万感触良多。当中国疫情告急时，马来西亚人喊出了"中国，马来西亚挺你"，1800万双医护手套驰援中国；当马来西亚发生疫情时，中国医疗专家组紧急送去抗疫经验。在马期间，有当地民众认出中国专家组后纷纷竖起大拇指，喊出"谢谢"……如今，中马两国携手走出疫情的阴霾，率先推动社会经济复苏，便是双方同舟共济、相互支持的结果。

2020年12月29日，努西尔万大使与来自欧洲、亚洲、拉丁美洲国家的驻华使节及国际组织代表参观国药集团北京生物制品研究所，了解中国新冠疫苗研制最新成果。努西尔万大使表示，中国多款疫苗取得巨大进展，这给全球共同抗击疫情传递了积极信号。今天我们也了解到，中国有着制造相当产量疫苗的能力，这对于世界来说是一个巨大的贡献。

在中国市场看到机遇

携手抗疫的特殊经历，为中马深化合作创造了必要条件，开辟了新前景。对"后疫情时代"的两国合作，努西尔万满怀期待。

热衷于为马来西亚猫山王榴莲"代言"的努西尔万，对两国经贸合作前景充满信心。努西尔万表示，2020年上半年，中国从马来西亚的进口额同比上涨2.6%，超过340亿美元。东盟已取代欧盟成为中国第一大贸易伙伴，马来西亚是中国在东盟内的第二大贸易伙伴国，仅次于越南。

从当前中国提出的"构建以国内大循环为主体、国内国际双循环相互促进的新发展格局"，努西尔万看到了新机遇。他认为，随着中国经济国内大循环的加速形成，中国市场消费能力将进一步增强，有利于马来西亚增加对华出口。

2020 年 11 月 17 日，努西尔万大使出席在使馆举办的"冬日猫山王盛宴"活动

2019 年 10 月 18 日，由马来西亚投资发展局北京办事处、中国国际电子商务中心、北京市商务局联合主办的马来西亚推广及投资推介会在京成功举办。努西尔万大使亲自出席并致辞。他表示，马来西亚与中国稳步发展的双边关系是建立在两国历史悠久的经贸往来基础之上的。自 2009 年以来，中国已连续 10 年成为马来西亚最大的贸易伙伴。截至 2018 年底，中国在马来西亚制造业投资项目共 248 个，投资额达 42.3 亿美元，这些项目为马创造了 37000 多个就业机会。马来西亚非常欢迎中国企业赴马投资，特别是在信息通信、数据分析和软件开发等高附加值产业上的投资，以促进马来西亚关键领域形成成熟产业链。此外，马来西亚的农业、机械设备、医疗和可再生能源等领域的投资前景可期、潜力巨大。

共建"一带一路"是中马合作的重要方向。"我很高兴看到东海岸铁路项目复工。"努西尔万说，马中双方从政府到企业都非常重视"一带一路"框架下的合作。他认为，基础设施建设的"硬联通"只是互联

人 文 篇

2019年10月，努西尔万大使出席马来西亚推广及投资推介会

努西尔万大使出席2020年9月东盟（贵阳）"一带一路"文化旅游交流周活动

互通的第一步，规则和标准的"软联通"将有力推动商品的无阻碍流动，从而提高生产率、减少流动成本、维护全球产业链稳定。

对于如何促进马中民心相通，努西尔万也有独到见解。他认为，"娘惹文化"是两国人文交流的历史明证和宝贵资源，未来加强两国人民相知相亲大有可为。在努西尔万看来，推动两国文学作品互译是一个重要方向。自1889年以来，包括四大名著在内的100多部中国书籍已经被翻译到马来西亚，"如今中国在人工智能、电商、科技等领域处于世界领先地位，希望未来有更多反映当代中国的文学作品翻译介绍到马来西亚"。

（本文原载《人民日报海外版》2020年9月7日第8版，收录时文字有增删，图片为新增）

熊猫"使者"萌动马来西亚

白雨竹（中国前驻马来西亚大使馆文化处官员）

2015年，我背上行囊，踏上首任外派常驻的征途，开启成为文化外交官的旅程。当时我还不知道，一对特别的"外交官夫妇"福娃和凤仪一年前已被"派驻"马来西亚，还在一个月前诞下了宝宝，取名"暖暖"。这个家族天生瞌睡脸，祖传黑眼圈，但随便一个眼神、一次转身就能撩倒众生、治愈心灵，是世界人民心中的友好使者。在驻马使馆工作期间，这一家子既是我的工作对象，也是"萌"值爆表的"同事"。它们一直在用自己的亲身经历，续写中马友好的美丽篇章。

"兴兴""靓靓"篇

时间先退回到1974年5月。在那冷战阴云密布的年代，马来西亚时任总理敦·拉扎克毅然对中国进行了一次彪炳史册的"破冰之旅"，马来西亚成为东盟成立后首个与新中国建交的成员国家。访问中，拉扎克总理曾热切希望中国大熊猫能来马来西亚定居，但由于当时条件所限，这一愿望没能实现。

时光荏苒，2014年，中马关系进入"不惑之年"。建交40年来，两国风雨同舟，双边关系驶上了全面、稳定、务实的轨道。两国政治互信不断增强，双边贸易额达到千亿美元量级，人文交往持续加强，即使面对严峻挑战,两国仍患难与共。1997年东南亚金融危机中,马来西亚经济遭到重创,中国坚持人民币不贬值,积极帮助东南亚国家摆脱经济困境,马来西亚政府称赞中国"雪中送炭"。2008年汶川大地震发生后,马来西亚人民发动爱心接力,踊跃为震区灾民捐款捐物,并领养了大熊猫凤仪;2014年马航MH370客机失联后,两国守望相助,共克时艰。这些暖心时刻,使得中马友谊历久弥坚。

建交40周年之际,风好正扬帆,为推动中马友好关系迈上新台阶,两国政府决定举办系列庆典活动,其中包括马来西亚最高元首和政府总理正式访华,开展友好合作之旅,中马相互增设总领事馆,合作开展大熊猫保护科学研究等。

在热烈庆祝中马建交40周年的友好氛围中,中国的国宝大熊猫终于来马旅居,实现了马来西亚两代领导人和人民长期以来的愿望。

2008年北京奥运熊猫福娃和凤仪

2014年5月21日晨,在经过6000多公里的远航后,一对来自四川卧龙自然保护区的大熊猫福娃和凤仪乘坐马来西亚航空公司货运专机抵达吉隆坡国际机场。根据两国签订的《大熊猫保护合作研究协议》,它们将在位于首都吉隆坡的国家动物园"常驻","任期"10年。当天,中国驻马来西亚大使黄惠康、马来西亚自然资源与环境部长巴拉尼威及

2014年5月21日,大熊猫福娃和凤仪抵马

相关部门代表等200余人在机场为福娃和凤仪举行了隆重的欢迎仪式。专机落地滑行时,两辆消防水车喷出水柱拱门,以最高礼遇迎接中国"使节"的到来。

为使大熊猫适应热带生活,马来西亚国家动物园专门打造了超豪华的熊猫"官邸",修建了占地1.6英亩、耗资2500万马币(约4500万元人民币)的熊猫馆,尽量模仿野生环境,并存放冰块以维持凉爽的室温。

5月25日,福娃和凤仪抵马四日后,纳吉布总理夫妇携女儿女婿、国防部长希沙慕丁夫妇携儿子女儿外孙祖孙三代专程到熊猫馆探望。当时大熊猫还处于免疫隔离期,来宾们在中方保育员陪同下,身穿隔离服分批进入大熊猫居所,与福娃、凤仪近距离接触。欢快可爱的一对大熊猫萌相迭出,嘉宾们笑声连连。纳吉布总理对身边工作人员表示,虽然外界有关于政府花太多的钱建造熊猫馆的议论,但相对于马中友谊来说,这些钱花得非常有价值、有意义。

6月25日,经过1个月的免疫隔离后,马来西亚国家动物园熊猫馆正式开馆,纳吉布总理夫妇亲自出席开馆仪式。纳吉布总理在致辞中宣布,经全国上下广泛征集公众意见,内阁会议决定将福娃、凤仪分别

纳吉布总理为大熊猫喂食　　黄惠康大使为大熊猫庆生

改名为"兴兴""靓靓"。他说，它们将来要长期住在马来西亚，因此我们希望它们有新的名字。"兴兴"象征着欣欣向荣，"靓靓"则代表美丽。两天后，福娃和凤仪正式对公众亮相，它们的"名片"也改成了颇具大马华语风味的名字。

同年9月，马来西亚最高元首哈利姆访华，习近平主席举行盛大欢迎仪式。在与李克强总理会见时，平日寡言少语的哈利姆元首兴致勃勃地向李总理详细了解熊猫的习性和保护问题，并郑重表示回国后将尽早赴国家动物园熊猫馆参观。一诺千金，9月17日，在结束对华国事访问回国后仅一周，哈利姆元首携元首后及家人赴国家动物园看望大熊猫。最高元首夫妇一家饶有兴趣地观看大熊猫兴兴和靓靓进食翠竹，还亲自用竹竿给熊猫喂食苹果，大熊猫憨态可掬地大快朵颐，引来阵阵欢快的笑声。最高元首一家最后在熊猫礼品馆热情采购熊猫玩具，尽兴而归。

除了忙着"接见贵宾"，兴兴和靓靓还立刻变身为动物园的"流量担当"，一年内，累计有36万多人次游客来到马来西亚国家动物园熊猫馆参观。兴兴和靓靓，成为占据马来西亚民众心中"C位"的"萌宝"，"熊猫热"经久不衰。

"暖暖"篇

到任后,我惊喜地发现,工作任务里包括但不限于关注大熊猫在马生活状态,还包括陪同贵宾参观、为兴兴和靓靓庆生等"熊猫外交"活动,这一"美差"常常引得同事们羡慕。

2015年8月18日,一条关于旅马大熊猫的消息登上了"热搜"。当天,纳吉布总理在其推特上透露,兴兴和靓靓已诞下幼崽。民众一片欢腾,但也不乏讶异:喜的是这创下了旅居海外熊猫最快繁衍纪录;惊的是靓靓在抵马后曾多次出现过"假孕",这次熊猫宝宝竟然真的呱呱落地了。惊喜过后,大家开始翘首以盼熊猫宝宝的正式亮相,同时也都在猜测,这个"萌妹"会叫什么名字?

正式命名前,我借用"职务之便"找到了马来西亚资源环境部的联系人,希望获得"剧透",但没有成功,可见大马人民对给"国宝"起名的重视程度。

7个月后,国家动物园宣布将举办熊猫宝宝命名仪式。马资源环境部此前采用网上征名形式,共征得22830个候选名。在取得中国野生动物保护协会首肯后,象征中马两国温暖情谊的"暖暖"最终由纳吉布总理和内阁拍板通过。2016年4月7日,马资源环境部长朱奈迪宣布,熊猫宝宝定名为"暖暖"。

3个月大的暖暖

7个月大的暖暖

为暖暖取名并获得征名比赛优胜奖的是马来西亚华人教师胡德平。他说，"暖暖"这个名字很可爱，符合大熊猫友善温暖的形象，也是马中亲善和谐的写照，象征着两国深厚的友谊和密切的双边关系。这也正是"暖暖"万里挑一、脱颖而出的原因。

暖暖的命名仪式

靓靓和女儿暖暖

在保育员的精心照料和全马民众的密切关注下，暖暖茁壮成长，很快就出落成了体型和妈妈媲美的"大姑娘"，体重从个位数飙升到了90多公斤。

2017年10月5日，暖暖已满两周岁，根据中马两国协议，将离开出生地马来西亚，返回四川都江堰熊猫繁殖研究基地。在为暖暖举行的欢送仪式上，朱奈迪部长动情地说，暖暖在过去两年多的时间里给马来西亚国民带来了很多欢乐，希望到访中国的马来西亚人多去看看暖暖。应邀出席送别仪式的中国驻马来西亚大使馆公使衔参赞马珈表示，暖暖出生以来一直深受两国人民喜爱，已成为联结中马两国人民感情的纽带。虽然暖暖即将回国，但其父母仍将留在马来西亚，期待它们能再添熊猫宝宝，延续中马传统友谊。

中国和马来西亚的故事

2 周岁的熊猫宝宝暖暖从出生地启程返回母国

2017 年 11 月 14 日，在马来西亚民众和驻马使馆人员的不舍和祝福中，暖暖搭乘马航货运专机启程"返乡"。回国后，暖暖经过 1 个月的隔离观察，正式与游客见面。它的"外婆"、汶川地震后认养大熊猫凤仪的马来西亚华人陈皙梅女士还专程赶赴四川"探亲"，见证暖暖开始新生活。

"谊谊"篇

2018 年 1 月，我离开马来西亚转赴驻美使馆工作，但心中一直牵挂着兴兴和靓靓一家。就在我和所有当地民众一样，还沉浸在暖暖回国的淡淡失落感中时，马来西亚国家动物园又传来喜讯：兴兴和靓靓不负众望，生下"二胎"，再创大熊猫在国外的繁育纪录。我不禁感慨，马来西亚真可谓"福天宝地"！

人文篇

白天大使看望4个月的谊谊

一岁半的谊谊

2019年8月1日，马来西亚国家动物园第二次举行熊猫宝宝命名仪式，"暖妹"终于有了自己的名字"谊谊"。中国驻马来西亚大使白天出席命名仪式。他说，"谊谊"这个名字取自中文"友谊"的第二个字，充分体现了中马两国人民之间友谊的深厚。今年是中马建交45周年，这个名字的选择恰逢其时，衷心祝愿中马两国人民的友谊更加巩固、中马友好历久弥新。

2020年1月14日，谊谊迎来了两周岁生日，这也意味着按照协议，它也即将像姐姐暖暖一样返回中国。然而，受席卷全球的新冠肺炎疫情影响，谊谊的归国行程只能被迫推迟。2020年下半年，马来西亚国家动物园曾因疫情关闭两个月，但所有工作人员仍悉心照顾和喂养着大熊猫一家。其间，在使馆支持下，吉隆坡中国文化中心与国家动物园合作举办了"中马文化旅游月·相约大自然"活动，其中专门设立了"'谊谊'不舍"留言区，让访客通过寄语，祝福即将被送返的谊谊；同时举办"我的战疫寄画——爱的传递"海报绘画比赛，将获奖作品在熊猫馆展示，展现困难时期中马人民共同进退的情感联结。大熊猫一家也继续用它们的"萌"力量，鼓励并抚慰着"粉丝"们的心灵。

海报绘画比赛获奖作品之一"We are Together"（作者：Chen Jia Xi）

蓦然回首，我离开马来西亚已有三年之久。虽"身已远"，但"心永系"，我依然牵挂着在马"常驻"的兴兴、靓靓和谊谊，关注着归国安居的暖暖，更怀念着马来西亚友善、好客的人民。我相信，在马来西亚的热带风情中，大熊猫一家将健康地生活下去，或许未来能够再添家庭成员，履行好最萌"使者"的职责；中马两国人民将携手战胜疫情，逐渐恢复正常往来；中马人文交流合作将继续扬帆远航，乘风破浪；中马友谊像"驻马"大熊猫一家一样，温暖绵长，代代传承。

人文篇

做一个维护马中友好视频主的体验

春小喜（马来西亚知名视频主）

"大家好，我是春小喜！"

这是被人熟知的我的视频的开场白。之前还有后缀"一个马来西亚华人"的自我介绍，后来观众已经足够熟悉我了，就渐渐不用了。我是一名YouTuber，也是一名"B站UP主"。B站（哔哩哔哩，bilibili）是中国的一个视频网站，前两天我在B站的粉丝数超过了20万。

"春小喜"原来是我的一个笔名，后来成了我做视频主的代名。我原名叫陈宣瑄，父母都是马来西亚华人，但我在新加坡出生，三岁以前一直在新加坡、马来西亚往返居住，直到三岁多才在怡保长期定居。所以，我的马来西亚身份证上标识出生地的中间两个数字与其他人不太一样，被好奇的人问起过很多次。

怡保是霹雳州的首府，是马来西亚少数几个华人比例比较高的城市之一。我祖籍福建，爷爷奶奶家惯用闽南语交谈，马来西亚这边习惯把闽南语叫成"福建话"。但我因为从小住在外婆家比较多，几乎不会讲闽南语。我外婆除了能讲流利的华巫英三语（巫指的是马来语），还能讲十几种方言。可惜从我妈妈小时候开始，外婆在家里就只讲普通话，所以我们家到我这辈，多方言技能算是失传了，我只能勉强讲一下粤语。普通话在中国那边称为汉语，马来西亚这边习惯叫华语。我妈妈还记得，小时候她们家被开玩笑地叫作"华语人"，这是相对于家里讲方言的福建人、广东人、潮州人等而言。我妈妈的籍贯是广东省潮阳县。

我经常骄傲地跟人说，马来西亚华人是中国之外中文讲得最好的群体。饶是这样，我的华语在马来西亚华人中也算比较拔尖的——所以现在才能靠做视频讲讲话混饭吃嘛。我妈妈是个爱书之人，从小我家里就有很多书。我七岁就读完了《红楼梦》《西游记》等四大名著以及《封神榜》《白蛇传》这些白话小说。我妈妈说我兴致勃勃地给她描述过黛玉怎么葬花，但我自己完全不记得了。我倒对《封神榜》的"闯关打王（boss）"模式印象很深刻。只是妈妈不允许我看《金瓶梅》和《西厢记》，我倒也乖，真的没去看。

我上的是巴占华文小学。二年级也就是 8 岁的时候，我参加了华语讲故事比赛。小朋友讲故事比赛惯例是要讲各种有大象、孔雀、兔子的动物寓言故事的，但我挑来挑去，挑了一个唐伯虎调戏俩酸秀才的故事。教我华语的陈老师觉得不太合适，劝我换一个故事，我又不太想换。回去跟妈妈讨论半天，最后妈妈给老师写了封信，说就让我讲这个故事吧。我于是就在台上一本正经地吟"一股叉着你，一股叉着他"的打油诗，结果可想而知，果然没得奖。陈老师安慰我说，是因为我没对准麦克风所以收音不好，还送了我小礼物。

也是在我 8 岁的时候，我们家去了中国的桂林旅游，11 岁的时候又去了广州。小学毕业时，因为种种机缘巧合，我进了一所华文独立中学读书。马来西亚的华文独中有很特殊的历史背景，一直到两年前，都主要靠华人社会募资来支撑运作，它是大马华人坚持维系自己语言文化的一个活的象征。

我最庆幸独中给我的几样东西，一是给了我的华语更大的发展空间，二是扎实的历史基础。初中三年的历史课包括了四大古文明史、世界史、中国史、近代史、马来西亚史，以及我们大马华人的历史。我能流畅地列出中国所有朝代，而我读国立中学的朋友都不能。华人的文化是深深扎根在历史里的，不了解历史，就很难了解我们从何而来。

2006 年 12 月，与家人去桂林时拍摄的照片

我在学校华乐团里拉二胡，初三的时候随学校的队伍到上海参加比赛时，还去了无锡和苏州玩。和中国人聊天的时候，我发现自己能用很标准的普通话和他们对话。南洋华人的华语有一个很具标志性的口音，中国人通常会误认为是广西、湖南、福建、台湾口音，但我们自己一听就能听出来。我切换口音跟玩儿一样简单。

中国卖的书实在太便宜了，从上海飞回马来西亚前，我在一间大书店里买了一堆书，行李差点超重。初中升高中的时候，我从育才独中转学到了培南独中，高二时结识了一个从中国来马留学的同学春瑶，成为好朋友。我后来还托她帮我从中国买过一些书。现在已经比那时候方便多了，书基本可以通过淘宝买，再通过集运寄来马来西亚，甚至因为我做视频的关系，还有编辑主动给我寄书。

我在培南独中上的是另一套英文的教育系统，O-Level 高二就考了，之后到吉隆坡的双威学院念 A-Level。也就是在这个时候，我开始在一个叫"乐乎"的中国网站发点短篇小说，并在这个平台上结识了一些朋友，第一次拥有了自己有归属感的网上社群。这些朋友几乎都是女孩子，有还在上中学的，有上大学的，有已工作了的，也有当妈妈了的。大部分是中国大陆人，也有个别中国台湾的女生。

我作为马来西亚华人，算是其中的"稀有物种"。一开始时，我常常需要解释"为什么中文这么好"，聊着聊着也就习惯了。只有一点比较麻烦，那就是时差问题。我个人习惯晚睡，经常熬夜到两三点，于是朋友们经常以为我这儿有时差，我于是要跟他们解释说，马来西亚跟中国在同一个时区，没有时差。

读完 A-Level 后，我选择了暂停学业，开始在脸书上做自媒体。2018 年 5 月，马来西亚出现了前所未有的一次政治变动，用我们的话来说，马来西亚"变天"了。那段时间，我因为一直在刷中国新闻网站观察者网的新闻，发现因为马来西亚这边竞选时某个政党的抹黑策略，以至于许多中国媒体以为新上来的政权是个"反华政权"，并把这样的错误印象深深刻在了中国人的脑海中，从而把马来西亚看成了一个"反华国家"。那些报道如此之扭曲，我越看越气，最后实在憋不住气了，借中国朋友粽粽的手机号码注册了一个账号，开始在他们的社区发帖，给他们科普马来西亚政治是怎么回事。其间，有一位编辑发布的关于马来西亚的新闻中存在事实错误，被我纠错后，还专门向我表示歉意。后来，马来西亚新总理上任后首次访华，我在观察网的社区连续发了一个月的帖子。

从观察网社区"跑路"前我结识了一批新的网友，加入了一个神奇的 QQ 群，这个群中有好几个 B 站上传者（UP 主）。我那时刚好开始在 YouTube 发视频，受他们影响，于是一并在 B 站同步发，后来就意外有了点关注度。顺便一提，我在这个群中也是唯一的外国友人，但聊天、接梗、丢表情包毫无压力，我不说你绝猜不出来我是外国人。

一开始，很多人质疑我是"中国人装外国人"。我发现，这是我每次新加入一个中国网络社区必定要过的一道坎：我在乐乎经历过、在知乎经历过、在观察者网经历过，后来去 B 站的时候又经历过好多次。中国人好像不太习惯外国人的中文能那么好，不过经过我这两年的猛刷存在感，这样的刻板印象好像改善了不少。虽然这中间我澄清与解释的次数实在多得有点惊人。

三年前还不能自己从淘宝买东西，要千辛万苦地通过代购的时候，我从淘宝代购过一些东西，其中有一套刘慈欣的《三体》。看完《三体》三部曲后，我又去找了他其他的短篇小说来看，到最后几乎看完了他所有作品。所以，2019年知道《流浪地球》的电影要上映时，我是很期待的，还出了一期聊刘慈欣作品的视频。但《流浪地球》竟然不在马来西亚上映，所以我一气之下飞到广州去观影——这样说的话是骗你的，真相是我去广州办事，顺便去看电影。

但我确实用这样的标题出了一期视频，和观众们说我要去广州看电影。令我震惊的是，这期视频竟然被B站的中国共青团中央的官方号转发了！我们管这个叫"官方翻牌"。后来"团团"（共青团）还转过我一个辟谣的视频。我不是说过中国有些自媒体一碰上马来西亚的事情都瞎报道嘛，那次就是马来西亚的一个电信运营商与诺基亚（Nokia）就5G方面的合作签订了合约，恰好那时国际上华为的事情闹得沸沸扬扬，有个中国的自媒体就在那边瞎写，说马来西亚在5G上不用华为，可实际上马来西亚最大的电信运营商就是与华为签约合作发展5G的。

看到这些人这样对马中事务胡说八道，我就来气。之前在观察者网我就发过不止一个纠错马来西亚新闻的帖子，现在我成视频主了，就用同样的梳理手法做了辟谣视频：这个媒体说了些什么，真实情况如何，他说错了多少地方……悉数陈列，再以个人立场谴责两句这些媒体的不负责。结果这个视频发出来后，经"团团"转发，它竟然"火"了，到今天在B站上的累积播放量超过150万，是我B站播放量最高的视频。

后来，这样的辟谣视频竟然做成了一个系列，颇受欢迎。我后来发过的一个辟谣马来西亚并没有"退货大熊猫"的视频，被熊猫暖暖的官方微博转载了。暖暖是在马来西亚出生的熊猫宝宝,在国外出生的熊猫宝宝到了年纪都要送回中国的,那是按照协议办事,并不是被"退货"。顺便一提,马来西亚的气候环境真的很适合熊猫繁殖,旅马的大熊猫兴兴和靓靓"三年抱俩",在暖暖后又生了第二只熊猫宝宝,取名叫谊谊。据中国驻马大使白天说,"创下了中国大熊猫海外最短时间内繁育数量最多的纪录"。

我们可没有逼它们要娃啊!

2019年是马中建交45周年,中国驻马大使馆推出一部纪念建交的微电影《时间的礼物》,又给微电影创作了一首主题曲《左肩》,邀请在《中国新歌声》上获奖的马来西亚歌手李佩玲和另一名歌手玛莎演唱。《左肩》的链接是一位中国朋友发给我的,我于是做了一个回应(reaction)的视频。这个视频被中国驻马大使馆的脸书账号转发了。后来大使馆还邀请我去做客,我妈妈陪我一起去,新闻与公共外交处的唐瑭主任接待了我们,并给我准备了一大袋子的礼物!我和妈妈都惊呆了。礼物中,我最喜欢两只熊猫公仔,到今天还摆在我书架上当拍摄背景的一部分。

2019年5月,做客中国驻马来西亚大使馆

我去广州看《流浪地球》的时候,用拍摄的片段剪成了一支旅行视频博客(Vlog)。后来,中国驻新加坡旅游办事处联系我,说他们为2019"美丽中国"亚洲旅游推广活动举办了"中国·就在你身边"微视频大赛,觉得我的这支视频不错,想邀请我参赛。我于是将视频再精剪后送去参赛了,后来进入线上投票阶段,我还号召我的粉丝帮我投票。比赛结果出来,我获得了铜奖和网络人气演员称号。

2019年12月,中国驻马大使馆组织了青年访华团,邀请我参加,我弟弟作为拍摄助手和我一同前往中国。我们造访了深圳、广州和昆明三个城市。行程中最大的亮点是参观华为、腾讯、大疆、玖的VR这些科技公司。参观完华为后,讲解员带我们到了一个书架前,上面摆了很多关于华为的各种出版物,说可以随便拿,于是我美滋滋地拿了一袋子书。

在10天的访华旅程中,我遇到四次看过我视频的观众。一次在准备飞深圳的候机室,一位小哥认出我,说刚看到我发的准备登机的B站动态,结果这么巧发现我们坐同一趟航班。一次我准备从广州转飞昆明,机场安检人员把护照还我的时候问我:"你是B站UP主吗?"我说

2019年12月,在深圳参观腾讯公司

"是",他说"我看过你的视频"。一次是在昆明访问云南民族大学,马来语系主任说,她会在B站上找马来西亚UP主的视频给她的学生们看,其中就有很多我的视频(此处应有一个"呐喊"的惊恐表情包)。访问结束后还有两个女同学来找我合影。最后一次是在昆明落脚的酒店,同乘电梯的一位大叔,说是我的粉丝。直到现在,被当面提及"我看了你的视频",我依然觉得是一件很不好意思的事情。

我和访华团中另一名YouTuber小楠回来后发的Vlog和感想,被中国媒体《参考消息》改编为新闻报道,后被《人民日报》转载。

一开始得知大部分中国人都不太了解马来西亚和马来西亚华人的时候,我是比较遗憾的。马来西亚这片土地自秦汉起就与中国有贸易往来,到明朝郑和下西洋时已有邦交与通婚,清末到民国时期大批华人下南洋,到今天大马华人都是海外最大的华人群体之一(目前最新统计人口已超700万人),也是将语言与文化保持得最好的华人群体。此外,马来西亚这个国家从来没有过大规模的排华和反华,在国际政治立场和民间态度上对中国十分友好。一次,一位来自中国四川的朋友到怡保找我玩,我们到路边水果摊买榴莲吃。摊主是一位马来族的老伯,听说我这位朋友是从中国来的,非常热情地剖开了榴莲请他吃,送了他一大袋红毛丹,还邀请他第二天晚上再来吃山竹。听说我朋友第二天就要回去了,没法再来找他,老伯特别失望。马来西亚可不只是华人待人热情。

访华团的行程中,另一个印象比较深刻的交流是在广州的怀圣清真寺里,我在参观清真寺的时候与一位来礼拜的穆斯林老伯聊天。他听说我们是马来西亚来的,就提到了两年前新政府上台后要核查东铁计划的事情。我向老伯解释了此事的来龙去脉,又跟他说那件事情已经解决了,2019年"一带一路"国际合作发展论坛也把东铁列入了成就白皮书。而老伯不知道还有这样的后续。无论哪个国家的媒体都有"报凶不报吉"的习惯,看新闻的人也更习惯"记忧不记喜",所以才闹出种种"马来

人文篇

在怡保请中国朋友吃榴莲

西亚反华""马来西亚养不起大熊猫""马来西亚不和华为发展 5G"这样的假新闻。因此，我认为我做的种种辟谣与科普还是很有价值的。我所维护的不是哪个特定的政权，马来西亚无论哪个政权在台上，都没有与中国交恶的记录。我维护的是马来西亚这个国家以及马中长久以来在官方与民间建立起来的友好关系。我甚至都不需要说多漂亮的话，只需要讲真话就能带来很好的效果。

我到现在并没有觉得自己有多少名气，毕竟我各个平台的粉丝数加起来也才 20 多万。但我确实感觉到自己能带来一些影响。很多中国的观众留言告诉我，他们是看了我的视频之后才了解到马来西亚华人这个群体和马来西亚这个国家的。当他们要来马来西亚留学、工作、旅游，在网上搜马来西亚资料的时候，搜到的往往是我的科普视频。我的视频评论区经常变成两国文化交流现场。所以我在发言和表态的时候越发审慎，我希望自己无论是对马中关系还是在马来西亚对外的话语权和形象方面，带来的都是建设性的、正面的影响。另外，我偶尔也会跨过国界，以一个外国人和华人的身份，去帮中国讲讲故事。

我喜欢用的一个自我介绍是"说故事的人"。我喜欢讲故事，并且像小时候坚持讲唐伯虎一样，我只讲我想讲的故事。我仍然希望能把故事讲好，希望能为讲好马来西亚和中国的故事出一份力。

这就是我和中国的故事。

我的中国情缘与琴缘

张雅诰(马来西亚华人文化协会总会长)

当奶奶打开古旧的行李箱,把用一层又一层布料缠裹住的口琴送给我时,仿佛就注定了我和中国还有口琴的缘分,开始了我和中国的情缘与琴缘。60年后,依然不变。

我生于1952年,是马来西亚土生土长的第二代华人。家父在1940年从中国的汕头乘搭"玛丽皇后"号轮船到新加坡上岸,然后搭火车到霹雳安顺郊区马来村,投靠我叔公,协助经营杂货店。1941年12月日军入侵马来亚,父亲挨了3年零8个月的战争之苦。1945年8月15日,本以为日本投降后会有好日子过,谁知马来人受日军唆使排华,烧掉了杂货店。幸好有一位马来顾客报信,家父及叔公一家人才得以提早乘舢板过河逃到安顺。从此,家父在安顺继续努力经营杂货档,过着清苦的生活,结婚生子。

奶奶赠我从中国带来的口琴

1959年,当时7岁的我,迎接奶奶从中国广东省大埔县西河镇黄堂坑来到马来西亚霹雳安顺。我的中国情缘,就此开花。

那时,尽管没去过中国,却听过长辈们说了许多中国故乡的事,我心里对中国也有了许多想象与憧憬,期待有一天可以到那片黄土地看看。

我念中学第一年，在图书室里竟然找到一本学习口琴的书，是上海中华口琴协会创办人兼会长王庆勋的著作。我如获至宝，一口气把整本书看完。从此，我的琴艺突飞猛进，亲友们都对我刮目相看。对中国的这一恩赐，我感动不已。

同一年，另一个恩赐接踵而至。我们杂货档的后面档口，有位叫秀姐的进步女士知道我爱吹口琴，就借了一张上海口琴家石人望的黑胶唱片给我，里面有《凤阳花鼓》《波兰圆舞曲》《美丽的祖国》《幸福的列车》《在幸福的日子里》《洪湖水浪打浪》《美丽的姑娘》《江南之春圆舞曲》《梁祝》等名曲。我硬着头皮向同班同学韩侨借了唱机，把从杂货档买的六粒干电池一个晚上耗完，将唱片里的曲子几乎都听熟了。后来，我凭其中那首《凤阳花鼓》，夺得了很多国内外口琴比赛的冠军，包括1994年马来西亚一团体访问深圳世界之窗首演时，我被安排在大型节目开场前独奏，当时台下有4000名听众；2002年华商大会在吉隆坡双威（Sunway）大酒店举行大汇演，我登台演奏；2003年又在凤凰卫视八周年台庆上亮相。

早年间，由于家里经济条件不好，我买不起口琴书，更遑论请音乐老师。但我在杂货档口回收用来包货的旧报纸堆里翻阅到许多音乐资料，从广告上获得新加坡口琴家游宏任的口琴学院地址，斗胆写信向他请教，还要了《渔舟唱晚》的复印曲谱。游老师的每一封回函都是一种激励。我以他为偶像，花钱请照相馆把他的小照片放大，挂在客厅里，对着他练琴。游老师1939年生于中国福建永定，在中国向石人望先生学习复音口琴，向黄青白先生学习半音阶口琴。

上中学第二年，我在校内代理《学生周报》，赚到钱买了许多口琴书和曲集。班主任陈老师带我去他在怡保的家中，买了我向往已久的半音阶口琴，用来练习吹奏《渔舟唱晚》，参加才艺比赛。由于限制曲子最长只能吹5分钟，而《渔舟唱晚》曲长5分半，出于对比赛规则的尊

人文篇

重,我只吹奏了前半段,后半段高潮迭起的快板没吹奏,结果未能进决赛。为此我既难过又沮丧,一度想放弃吹口琴。班主任知情后,安慰劝导我说:吹口琴的目的不只为比赛。你奶奶送你口琴是你与口琴的缘分,好让你以琴会友,陶冶性情,为同学伴奏歌唱,为舞蹈配乐。希望你吹到中国及全世界去,不辜负你的奶奶。

听了这番话,我豁出去了。同年,我参加了安顺广东会馆主办的乐器比赛,把整首《渔舟唱晚》吹完,轰动全场,但输给古筝独奏,屈居亚军。评委之一的主办者透露,如果有钢琴给你伴奏,冠军非你莫属。我虽然已不在乎是否拿下大奖,但这次获奖给我很大的鼓励。此后,凡有比赛,我力争参加。念中学三年级时,我以复音口琴吹奏石人望唱片里的《波兰圆舞曲》,荣获全场总冠军。学校在早会上特别邀我上台表演。那时的我几乎就是口琴的代名词。有位学长将专访我的文章刊登在《学生周报》上,让我名声大噪。我也把学习口琴的方法投稿到《学生周报》,主编把我的文章刊登在封底版,吸引了全国许多学生学习口琴,我也变成了他们的偶像,获邀到很多学校、社团表演。1971年我从安顺到吉隆坡拉曼学院念书时,参加"丽的呼声"天才比赛,也是以《凤阳花鼓》获得全场总冠军。同年年底,我被派去香港丽的电视(亚视的前身)参加东南亚总决赛,又一举拿下总冠军。赛后,丽的电视邀我拍摄十三集电视口琴讲座,导播是大名鼎鼎的《上海滩》作词人黄霑。

1971年,在香港亚视国际天才大赛中获总冠军

虽然此时香港仍受英国的殖民统治，但它始终都是中国的一部分，在香港让我感觉好像回到祖国一样，心想奶奶的口琴终于在祖国的土地上吹响。奶奶为我的成就开怀不已，鼓励我"上广东省"（香港原隶属中国广东省），言下之意，是希望我有一天能到中国内地去，给家乡的父老兄弟吹上几曲，也"光宗耀祖"一番。

从那时起，我琴不离手，随时随地吹奏我熟悉的歌曲，也时时从奶奶的口中了解中国的贫困、家乡祖辈亲人的状况。当家乡有信寄来时，我第一个看。父亲回信时，也加上了我的简短问候。当时，奶奶思念家乡之情，都通过我的笔端传达。我当时立愿，努力读书，赚到钱后带奶奶和父亲回乡，并吹奏口琴给亲人听。

然而，当时的情况和现在截然不同。尽管马中两国早在1974年就建立邦交，但两国人民的往来并不容易，不论探亲、商务、旅游等，皆是如此。

1991年，马中两国开放人员往来。翌年，我访问中国故乡的梦想实现了一半。

当时，我们马来西亚、新加坡、印度尼西亚、泰国等国的海外侨胞，组团回乡参加广东大埔黄堂小学落成庆典，我带着父亲回到了他阔别了

1989年10月，在第二届世界口琴大赛中获复音口琴组冠军

50 年的家乡。

父亲回到老家,激动之情溢于言表,我也亲睹了奶奶所描绘的农村及亲人,如电影般一幕幕给投放出来。

庆典上,我受邀上台演奏了 1989 年在西德世界口琴大赛夺冠的中国安徽民歌《凤阳花鼓》及马来西亚民谣组曲,让乡亲们乐开了怀。大埔电视台也录像播放,让我的口琴音乐终于在神州大地上响起。

虽然奶奶 1976 年就不在人世了,但她送给我的口琴,启动了我的中国琴缘,我带着她的祝福又回到了故乡。

马中琴心相印在西德

结识白燕生三兄弟,是我在中国的口琴情缘中,最重要的一章。

1989 年,我在西德与中国北京的白氏三兄弟结下了琴缘,后来桃园结义,成为拜把子兄弟。

那年,我参加在西德特劳辛根口琴圣地举办的第二届世界口琴节。在比赛文宣刊物上读到,有中国一家三兄弟准备从北京搭乘火车,花 14 天时间横跨欧亚大陆,远到德国参加比赛。我对他们的事迹感到非常惊讶,也对这三兄弟不辞劳苦努力追求艺术梦想的精神佩服不已。

当时的中国虽已进入改革开放时代,但一般人收入不高,交通更不像现在高铁纵横、机场处处。出国留学很不容易,更别说出国参加音乐比赛。白氏兄弟花了两星期的时间乘火车由北京到德国特劳辛根参赛,对现在的音乐人来说,是不可想象的。

试想有谁会那么折腾,就为了一个不可预测的梦想,要耗费几个月甚至一年的工资，省吃俭用乘 14 天火车到异国参赛？但我见到白氏兄弟后，疑惑一扫而空。

我和白家兄弟在德国口琴圣地相遇，彼此心里有一股说不出的暖流，就像回乡见到亲人般，尽管素未谋面，但口琴成了我们之间的桥梁。

在德国期间，我充当他们的英语翻译，解决了许多沟通问题。从他们的口中，我对中国的口琴发展情况有了清晰的印象。为了比赛，白氏兄弟把国产的三只十六组和弦口琴焊接在一起，调削每一根簧片（共 196 根），改成四十八组的和弦口琴。这种"土法炼钢"的创意和匠心，让参赛的各国选手大开眼界，也明白了他们的用心和对艺术的坚持。

1989 年 10 月，在德国特劳辛根口琴圣地与中国参赛队员合影

我被他们不屈不挠的精神感动哭了，尤其是在得知三兄弟借了等于他们一年工资的 5000 元人民币作为这次比赛的盘缠之后。我还得知，他们为了节省开销，在每个火车站存放了从祖国带去的干粮及茶叶，准备回程时果腹。

白氏兄弟参观德国展销摊位琳琅满目的先进口琴、光盘曲集时，只能望梅止渴。奶奶递给我第一只口琴的历历情景，此刻浮现在我的眼前。我当时结伴同行的六个乐龄口琴学生，纷纷出资买了他们梦寐以求的半音阶口琴赠送给他们，我也订购了世界著名的和来牌和弦口琴及低音贝司口琴，在1992年访问北京时送给了他们。从此，白氏三兄弟口琴三重奏团拥有了国内最先进的国外名牌口琴，羡煞同道中人。他们也把重奏团易名为"雄狮三重奏团"，为的是表达对我的感激——因我代理大东方人寿保险而积攒了一点钱，买了很多名牌口琴。大东方的公司标志是雄狮。

我奶奶的赠琴，让我得以走上口琴之路，结识祖国口琴同道。从白氏三兄弟的身上，我看到了中国翻天覆地的变化。今天，国外知名的和来口琴厂请中国口琴厂代工，国外许多著名口琴家纷纷来中国演奏，这些都和白氏三兄弟不辞辛劳推动口琴演奏事业有很大的关系。今天，白燕生大哥是中国口琴专业委员会的主席，常邀请我到中国演出，我也常安排三兄弟及家人到马来西亚演出及旅游。

2004年在香港举办的第五届亚太口琴节上，我被白燕生大哥指导及指挥的小学生口琴大合奏《黄河协奏曲》感动得流泪。

今天，白燕生在中国口琴界早已家喻户晓；他录制出版了许多口琴书籍和曲集，并从事线上线下教学，培育了上万口琴人才。我想，是上天安排了我们的琴心相印。

初临中国大地

1991年5月8日，我第一次踏上神州大地，而这天竟然是我的生日。

1991年，马来西亚允许国民自由访问中国。我爱人的舅妈从海南岛来马来西亚巴生探望我岳母，并希望岳母能跟她一起回海南岛文昌市号迈村看望她卧病在床多年的哥哥。我利用这个机会，与爱人一起陪伴岳母到祖籍国的最南部。飞机降落广州机场时，我的心情澎湃万千，奶奶口中的祖国到底是什么样子？当时，我看到密密麻麻的房子，偶尔有一两栋高楼，其余的都是稻田，比吉隆坡落后。当然，现在广州已是大都会，不可同日而语。

到国内机场转机，我看到，机场建筑陈旧，还有些地方的屋顶是锌片盖的。我们提了10个大皮箱，到转机处，人潮拥挤，声浪嘈杂，人们争先恐后，在五月夏日炎炎的天汗流浃背。

飞机在海南省会海口降落，看到一栋栋高楼大厦和路上的新款汽车，我才猛悟海南是经济特区之一。

2002年7月，吉林长白山天池留影

1992年再度到广州时，我看到广州已经披上新装，尤其是天河区，高楼林立。我的姑妈就住在天河区石牌街道。那时，回大埔乡下黄堂坑，车子可直达村子家门口。有感于祖国的变迁之大，我用新研发的五声音阶复音口琴吹了曾加庆谱曲的《山村变了样》，抒发我的心境。

之后，我带着岳母和妻子，怀着激动的心情，找了个较清净的地方，跪在地上，给了祖国大地一个亲吻，告诉奶奶的在天之灵：我回来了。

文化之旅

马来西亚华人文化协会 1992 年第一次访问中国，让两国之间几十年的文化隔阂终于消除了。此行访问了上海音乐学院和北京民族音乐学院，给我留下了深刻的印象。

虽然我是第一次见到《春节序曲》的作曲人李焕之教授，但是我们好像相识相交了几十年，因为我拥有的中国小提琴音乐曲集，第一首就是他的《春节序曲》，许多口琴家都演奏过。非常幸运的是，我随行也带了这本曲集，请他在曲集上签名。

另一位是《梁祝》小提琴协奏曲作曲人陈钢教授，此行我也有幸与他见面。以上两首都是家喻户晓的名曲，我用我研发的五声音阶口琴演奏，听起来非常舒适。

2002 年，应上海口琴协会会长陈宜男女士之邀，我到上海音乐学院演出。非常荣幸的是，我竟然跟小提琴协奏曲《梁祝》的首演者的俞丽拿教授同台演出。

俞教授在上海口琴协会乐团的伴奏下演奏全曲《梁祝》，让口琴登上了大雅之堂。

上海口琴协会是陈宜男会长的父亲、口琴大师陈剑晨先生创办的。当时，陈剑晨、石人望和王庆隆被称为"上海口琴三杰"。我获得 1989 年世界复音口琴大赛冠军的《凤阳花鼓》一曲，就是从我拥有的第一张石人望灌录的黑胶唱盘里学得的。王庆隆先生是中华口琴协会的创办人及会长，他的接班人是刘曾源。刘老师在1998年带领很多中国口琴人来马来西亚参加由我牵头的第二届亚太口琴节，让马中两国的口琴交流开花结果。

黄毓千老师是由北京口琴家何家义介绍给我的。他是石人望先生的弟子，接过石人望创办的大众口琴协会，担任会长。他也带领了很多中国口琴人参加马来西亚的许多口琴活动。

我深深地感恩中国的"琴人"给了我许多的帮助，也深信这是一种缘分，让我跟中国的关系更深更远了。

最近几年，我多次前往中国，从东北到内蒙古都去了，但仍然有很多大好河山等待我去探索、拜访。孩子们也经常到广州拜访亲友，参加口琴比赛，到广西、湖南等农村地区支教，让更多中国农村的小朋友可以学习口琴。我父亲那个年代的人，恐怕无法想象今天的情景。我和孩子们可以自由往返马来西亚和中国，而且几乎每个月都在神州大地穿梭，从广州到湖南、北京、上海、杭州、兰州……还有许多父亲、奶奶一生中不曾到过的地方。

父亲那一辈人当年为了谋生，噙着泪水挥别大埔老家，远渡南洋。而这一走，今生不知几时还乡。但那个年代毕竟过去了。今天的中国，远非当年那个贫困的国家，她已是世界第二大经济体，承载着无数中华儿女的梦想和希望。

如果奶奶、爸爸还健在，见到中国的雄起，看到他们的子孙能经常回乡探望，延续乡情，开启事业，心里一定非常激动。

我与中国的情缘，从奶奶、父亲到我这一代人，还有下一代人，一直绵延不断。相信世界各地的华人，也会像我这样，不管身在何处，都会记住黄土地的呼唤，一路奔驰，一路挂念，历久弥新，永志不忘。

中马友谊，亘古弥新

阿旺·沙利延（马来西亚国家语文出版局前局长、北京外国语大学语言文化教育名誉教授）

我在中国的经历

自20世纪80年代以来，我一直与中国的同事保持联系，特别是那些致力于在中国传播马来语和马来文学的学术和媒体界的朋友。我认识了中国学术界一些非常敬业的人，比如吴宗玉教授，他从1961年便开始在北京外国语大学推广马来语；梁立基教授，他是北京大学马来印尼方向研究的著名学者；还有一些是中国国际广播电台马来语部的朋友。从那时起，我感受到了中国开放大门，欢迎外国语言和文化在中国发展的诚意和兴趣。我直接和正式参与中国研究要追溯到2008年，当时我作为马来西亚政府派遣的首任高级访问学者（名誉学术职位），前往北京外国语大学做研究。那时候北外有60多个对象国研究方向，其中包括马来研究。

我在北外与从事马来研究的中国学者合作，他们是：吴宗玉教授、赵月珍教授、苏莹莹教授（Suria）、邵颖副教授（Adibah）、韩笑博士（Indah）、张苏华女士（Sofea）和傅聪聪先生（Johan Ikhwan）。我与北外中国马来研究中心和马来语专业的同事一起评审了该校的马来研究课程，认为以往的课程更侧重于语言体系（马来语语法、拼写、发音、词汇）、语言技能（听、说、读、写）和零星的马来文学及媒体介绍。我建议更新课程并引进了一些理论研究方面的新科目，

2010年,与北京外国语大学马来语专业师生合影

包括句法和词法、语义学、社会语言学、修辞学和文体学。为了提升北外的马来语研究水平,我提议设立马来语言文学硕士学位,并亲自讲授研究方法和论文写作。

  马来西亚高等教育部赋予我的另一项任务是帮助中国其他大学建立马来研究系。因此,我和北外中国马来研究中心主任吴宗玉教授联系了中国其他大学的同事。我们在北京之外合作的第一所大学是广西南宁的广西民族大学。吴宗玉教授和我受邀评估该大学新设立的马来语学位课程。之后,我一直向广西民族大学提供协助,保持合作,包括书刊出版以及为马来语专业的师生举办一系列的马来语言文学讲座。另一所大学是广东省广州市的广东外语外贸大学。2009年,我和吴教授应邀以

人文篇

2012年8月，受聘担任北京外国语大学名誉教授

访问学者的身份为马来—印尼语系的师生讲授马来语言和文学。2015年，广外在50周年校庆之际开设了马来语专业，我应邀以马来西亚国家语文出版局局长的身份主持成立仪式。关于广外，我需要特别提一下资深教授许友年的研究，他指出了马来传统诗歌"班顿"与中国南方民歌的相似之处。在我看来，这一相似点非常特殊，是两大东方文明互相理解的基础，值得鉴赏并且在马来西亚人民和中国人民之间传播。马来研究领域的杰出中国学者谈笑副教授深入研究了这一课题。

2010年，我在昆明做教学研究的时候，马来西亚驻昆明总领事罗瑟立·阿卜杜勒先生找到我，他建议在云南民族大学设立马来语学位课程。我完全同意和支持他的想法，并把他介绍给了我供职的马来亚大学。在该校马来文化研究中心的协助下，云南民族大学马来语课程于2010年正式设立。我以前在北外教过的学生Fatimah、Suryana和Bulan（我只记得我们给他们起的马来语名字）受聘成为讲师，这让我感到很欣慰。

说到在天津的天津外国语大学，我依然记得早在2004年我就开始在天外推广马来语课程,那时我是马来西亚语言文学研究所语言系主任。虽然马来研究学位课程在10年后(2014年)才设立,但我仍很欣慰,因为我的努力终于有了结果。在我第二次担任高级访问学者的时候(2016—2018年),我受邀讲授马来语写作的技巧和诗歌朗诵。我的妻子是马来西亚诗歌朗诵专家,当时她协助我教授诗歌朗诵。

另一所我非常关注的大学是北京的中国传媒大学,它在2001年(那时它还被称作北京广播学院)开设马来语课程。李士君教授及其夫人是马来研究领域贡献颇多的学者,张静灵博士(她的马来语名字是Melati)是马来研究领域的青年学者。中国首屈一指的北京大学在马来—印度尼西亚研究方面也非常专业。

我在中国第一次工作了三年半(2008年1月至2011年7月),之后不得不在2012年初返回马来西亚担任国家语文出版局局长。作为马来西亚政府语言规划机构的领头人,我进一步加强了马来西亚与中国的大学和媒体在学术、文化、出版和翻译方面的合作。2016年,我又被派到中国工作了三年,仍是在北外担任马来研究高级访问学者。那段时间,西安外国语大学向我征求关于开设马来语学位课程的意见。我完全支持这个想法,这一想法在2017年变成了现实。我在北外教过的学生受聘担任西安外国语大学的马来语讲师。2017年,我应邀到海南文昌给海南外国语职业学院师生开设讲座,该学院设立了为期三年的马来语文凭课程。

2018年3月我回到马来西亚,中国的朋友仍不断地联系我,让我帮助其他大学设立马来语学位课程,其中包括海南热带海洋学院、海南大学和位于重庆的四川外国语大学。很多大学希望我帮忙宣介马来语讲师的职位,因为除了精通马来语和马来文学的中国本地讲师外,他们还需要来自马来西亚的马来语专家。

2012—2017年,我直接参与了中马两国的交往,特别是语言、教育、文化、媒体等领域的交往。在此过程中，我注意到两国的合作和相互理解迈入了一个重要阶段。这在20世纪80年代以前是无法想象的。显然，20世纪80年代中国的开放政策取得了积极的成果。具体来说，语言是我最关心的问题，因为它是人类相互理解和团结的载体，而外语教学和学习在中国一向是受欢迎的。我于2008—2011年及2016—2018年在北外工作，期间北外为马来语等84门外语开设了学位课程。北外的亚非学院设立了马来语专业（2020年，亚非这两个研究领域分成了两个学院）。值得注意的是，北外在1961年就开始教授马来语。

此前，北外马来语系的教师和学生被派往马来西亚学习一年或至少一学期的马来语文学和文化课程，他们为加强两国人民的关系发挥了重要作用。除了参加讲座外，他们也有机会与马来传统村落的居民一起生活，亲身了解和体验马来人的生活方式。马来西亚的主要人口便是马来人。这一做法得到其他设立马来语学位课程的大学的效仿。中国学生在马来西亚的辩论、演讲和文化活动中斩获了佳绩。在"马来西亚总理杯"马来语国际演讲比赛中，中国选手均获得了很高的名次，2010年获得了冠军，并曾四次获得二等奖。部分讲师在马来西亚获得了硕士、博士学位。

截至目前，在北京、广州、南宁、洛阳、昆明、天津、西安、重庆和海口等城市，共有16所大学和1所学院提供为期四年的马来语学位课程。在与其他大学领导的沟通和讨论中，我得知，随着中国对马来西亚的兴趣日益浓厚，中国其他省市也将推出马来语学位课程。许多中学已经把马来语纳入外语教学。特别是在"一带一路"倡议下，我相信，马来语将会在中国获得广泛接受和繁荣发展。这并不奇怪，因为中国与马来群岛之间的关系由来已久，特别是在公元7世纪的唐朝（中国）和室利佛逝（三佛齐王国）时期。15世纪，明朝和马六甲有着非常密切的外交关系以及贸易和文化联系。

基于马中两国在过去多年良好的关系，我相信两国在外交、经济、教育、文化和社会方面的关系将会得到极大的提升。中国赴马留学人数和马来西亚赴华留学人数显著增加。马来西亚教育部自 2007 年开始派学生到中国学习五年的普通话课程。马来西亚政府的其他部门和私营机构也纷纷效仿。厦门大学已经在马来西亚建立了分校，因此马来西亚在中国建立大学分校恰逢其时。我们需要加强学生和学者的交流项目，特别是要重视出版和翻译项目，因为两者都是促进两国之间相互理解、开展知识和文化交流的有效途径。

总而言之，除了经济之外，我希望马中两国对教育、文化、社会和其他生活领域的交流合作都能给予同样的关注。我们应该把两国延续了几百年的友好关系作为当今双边关系继往开来的坚实基础。

中马自古友好邻邦，文明交流源远流长

2019 年是中马建交 45 周年。几十年来，两国在许多领域，特别是在文化交流方面结下了深厚的友谊。许多中国历史文献里记载的双方两千多年的交往和交流史促进了当今双边关系的发展。

中马友谊源远流长

中华文明与马来群岛在中国汉朝（前 206—公元 220 年）时期就建立了牢固的关系。《汉书·地理志》记录了两国最早的交流历史。该书描述了汉武帝委派的使节在访问印度途中与马来半岛上的国家进行易货交易的史实。据《后汉书》记载，公元 131 年，叶调国，即今爪哇岛或苏门答腊岛，曾派使者向中国朝贡，并得到了中国皇帝的丰厚奖赏。唐朝（618—907 年）建立后，苏门答腊的室利佛逝王国（也称三佛齐王国，今印尼的巨港）崛起，中国与马来群岛的交往取得了新的进展。双方在加强经贸关系的同时，还就思想和宗教信仰进行了富有成果的对话，在文明交流方面取得了显著进展。著名的中国僧人义净是中马关系的见证人和贡献者，他在室利佛逝的首都停驻，促进了佛教的发展。义净将许多佛经翻译成中文，并撰写了有关马来人生活方式和宗教习俗的书籍。由于这些努力，唐朝重视与室利佛逝的关系，并视之为马来文明的重要中心。

在宋朝（960—1279 年）和元朝（1206—1368 年）时期，中马关系更加密切。双方交流在 15 世纪的明朝（1368—1644 年）达到鼎盛时期。据《明史》记载，永乐年间的 1403 年，拜里米苏拉建立的马六甲苏丹国，即今天的马来西亚马六甲州，成为马来群岛第一个同明朝建交的国家。随后的几个世纪，两个大国之间的政治关系、经贸来往和文化交流取得了丰硕的成果并持续推进。史书记载的重大事件表明了两国关系发展之迅速。其一便是中国外交家、航海家郑和（马来人称之为郑和将军）的远洋航行。永乐年间，郑和率领船舶两百余艘，官员、水手和士兵 2.7 万人，远航至西亚、南亚和东南亚各国。郑和船队中最大的船载了 1000 人和 2500 吨货物。另一重大事件则是马六甲国王频繁访问中国。1411 年，拜里米苏拉率 540 人组成的皇家代表团启程入贡明朝。三年后，拜里米苏拉之子梅加特依斯干达沙王子觐见明成祖，告以父亲去世的消息。他于 1419 年再次到访中国，其继承人苏丹穆罕默德沙也在 1424 年、1433 年和 1434 年三次拜访中国。

从 1403 年到 1521 年，马六甲苏丹国与明朝建立了长达一个多世纪的友好关系，双方高层互访频繁，贸易往来密切，文化交流广泛。据《明实录》记载，这一时期双方共进行了 57 次外交活动。

马来语在中国的发展

文明交流促进了马来语在古代中国的传播。在室利佛逝时期，中国的马来语学习者大多是佛教僧侣。马来语在马六甲苏丹国发展成为一种通用语后，中国商人也开始学习和使用这种语言。明朝政府为促进外交活动而任命的60名翻译官员中，有两名马来语翻译官员分别负责马六甲和苏门答腊的外交事务。1407年，明成祖设立四夷馆，以培养翻译人才。四夷馆开设了八个专业部门，涉及多种语言。马来语，连同在马六甲和爪哇使用的波斯语、阿拉伯语和其他语言，都被归入穆斯林语言部门。清朝（1616—1911年）建立后，该馆在1748年被重新命名，总共运行了400多年，于1840年第一次鸦片战争后关闭。

中国的双语词典编纂始于14世纪明初洪武年间。15世纪，随着马来语在中国变得日益重要，中马双语词典应运而生，为中马两国贸易往来和跨文化交流提供了便利。根据20世纪30年代英国汉学家爱德华兹和马来语专家查尔斯·布莱格登的研究，第一部中马双语词典叫作《满剌加国译语》，包含了从1403年中国明朝和马六甲苏丹国建立外交关系到1511年马六甲苏丹国被葡萄牙占领期间的马来语词汇，所有单词都附有中文释义和发音。这本词典共收入482个词条，包括天文、地理、植物、动物、风俗、历史、文学和数学等17大类。这本词典最初是为外交活动编撰的，直至16世纪末一直是历史编纂工作者的重要参考书。马来语在中国古代的发展证明文明间的交流对语言传播作出了巨大的贡献。

中国的马来语教育

由于中国古代经历政治动荡，以及马来国家被西方殖民者占领，两大文明之间的交流中断了很长一段时间，直到18世纪才恢复。那时，交流的形式发生了巨大的变化。访问东南亚的中国人不再是中国皇帝派来的使节，而是西方人经营的锡矿公司雇用的普通人或华商。在马来亚联合邦（随后几年命名为马来西亚）时期，定居在这个国家的中国人和印度人获得公民的身份，加入联邦。如今，四分之一的马来西亚人是华人的后代。移民在艺术、节日、食物、服装和宗教等方面丰富了当地人民的生活，为地区文化多样性作出了独特的贡献。

人文篇

2019年1月，出席首届中国高校马来语专业发展圆桌会议

20世纪70年代初，中马两国迫切需要恢复符合两国共同利益的双边关系。1974年，马来西亚成为东盟成立后第一个与中国建交的东盟国家。两国的政治和经济联系不断加强，双边交流扩大到旅游、教育和文化等领域。

马来语教学在中国有着悠久的历史。多年来，中国高校培养了大批精通马来语的人才，为促进中马友好交流发挥了重要作用。早在20世纪20年代，国立中央大学（今南京大学）外国文学系就开设了印度尼西亚语—马来语课程。1949年以后，北京大学继续教授该课程。如今，印尼语及其相关研究仍是北京大学的一个重要研究领域。

在中国马来语教育的开拓者吴宗玉教授的努力下，北外于1961年开设马来语本科课程，随后在1970年开设印尼语课程。在世纪之交，

257

洛阳外国语学院（现信息工程大学）和北京广播学院（现中国传媒大学）分别于1998年和2001年开设马来语课程。2008年9月，广西民族大学在现有印尼语课程的基础上，推出马来语课程。随后，云南民族大学（2010年）、天津外国语大学（2014年）、广东外语外贸大学（2015年）和西安外国语大学（2017年）等高校相继开设马来语课程。海南外国语职业学院也在2017年开始提供马来语文凭课程。如今在中国，许多高中都把马来语作为一门外语来教授。从大学层面来看，共有16所大学不仅提供马来语文凭课程，还授予马来语学士学位。由于中马关系发展快速，中国将在更多的大学、学院和高中开设马来语课程。

北京外国语大学是中国第一所开设马来语本科课程的大学。1997年7月20日，在中马两国政府的共同支持下，中国马来语教学中心正式在北外成立。2005年，中国马来语教学中心更名为中国马来研究中心，时任马来西亚副总理纳吉布为中心的成立揭牌，推动了马来学术在中国由教学向研究的发展。研究中心致力于在高校中推广马来语，一直以来都是马来语言、文学和文化学术活动的中心。中马教育合作取得巨大进展的另一个显著标志是北外设立了马来研究高级访问学者席位，这是由中马两国政府共同发起的名誉席位，以表彰北外在中国推广马来语所作出的独特贡献。马来西亚的高级访问学者负责共享马来研究的最新成果，帮助中国提高本科和研究生的学术水平，加强联合出版和教育交流，协助中国高校发展马来语专业。这些学者是中国了解马来群岛，尤其是马来西亚的重要信息来源。近年来，中马两国在中国倡议的"一带一路"框架下开展了一系列合作项目，两国交往更加频繁。许多马来西亚学者应邀参加在华举办的各类论坛，他们对两国互利合作共赢充满信心，为推广马来西亚文化发挥了重要作用。

我和马来语的故事

王佳睿（信息工程大学洛阳校区马来语教师）

2016年秋季，我怀着忐忑而兴奋的心情第一次走进北京外国语大学马来语专业的课堂。彼时，马来西亚对于我来说还是一个遥远陌生的国度。我对它的了解仅限于：东南亚、热带雨林、马六甲海峡、吉隆坡。对于马来语，我也是一无所知。但正如"中国马来语第一人"吴宗玉教授说的那样："不相见，不相爱。"我后来才知道，马来语对我而言，意义竟如此重大。我未来的职业道路起步于此，我生命中重要的几个人结缘于此，我对这门语言的态度，也从"不得不"逐渐变成了"我喜欢"。

我与外教罗兹娅

我的外教名叫罗兹娅（Roziah），年纪四十上下，皮肤黝黑，鼻梁挺拔，眼睛大且深邃，是马来民族妇女的典型长相。我与她第二次相见，她便能准确地叫出我的马来语名字。我们等电梯时，她热络地拉起我的手，还问我吃的东西叫什么、是什么味道的。这样一来，我们的距离一下子就拉近了。

大一开学不久，外教请全班22人去她的小公寓吃晚餐。吃的是马来人餐桌上的家常菜，比如咖喱角、卤翅根、炒面等。但因我们的到来，外教准备得格外用心。那时，外教的大女儿14岁、小女儿11岁，她们俩对我们一行人很是好奇，在门口探头探脑，却又因为害羞不肯搭话。我们主动与之攀谈，说不出成句的马来语，就蹦单词和用手语交流，不一会儿就把她俩逗得哈哈大笑。

大三时，外教为指导我参加国际马来语比赛，从写稿、修改、发音、语调、手势等各个环节可谓竭尽全力。有人说马来人生性过于宽容，因此治学容易不精，教学也容易放纵。我不知全部的马来人如何，但我的外教绝非如此。她秉持精益求精的原则，从初稿到定稿，督促我修改不下十遍。有时我自己都觉得可以了，没有稿子是完美的，但她却像拿着小鞭子一样，让我永不停息。外教虽严格，但不严厉。马来人温和的性格在她的身上体现得淋漓尽致。整个过程中，她都是温暖的、宽容的。尽管有时我因大脑疲惫而屡屡卡顿，她也没有红过一次脸。

临去马来西亚参赛前，我在外教家吃晚餐。她收拾好自己订婚时的马来传统服装和首饰，让我在比赛中穿戴。她告诉我："我们努力过了，无论结果如何，都应该坦然地接受它。"比赛期间，我兴奋地告诉外教自己进入决赛了，她马上打电话过来，激动地尖叫，连声说："我爱你，你是我的骄傲。"她夜以继日，拼尽全力，却不奢求结果；而当真的有了果实，又激动地落泪。更何况，指导我参赛属于私人帮忙性质，她的功勋章，只是记在我心里而已。

我的马来语外教罗兹娅老师（右一）

大四上学期即将结束时,我们惊闻一个消息:外教要回国了。最后一堂课,当听到《冰雪奇缘》主题曲马来语版那句再熟悉不过的"Nak tak bina orang salji?"(你想堆雪人吗?)时,我忍了一节课的眼泪簌簌而落。这是大一上学期时,外教一字一句教我们唱的第一首歌。临行前,她对我说:"你到了马来西亚,我就是你的妈妈。"我知道,有你的马来西亚,就有我的家。

马来研究院里的中国人

2018年8月底,我与同班其他16名同学,受国家留学基金委资助,来到马来西亚的顶级学府马来亚大学(University of Malaya),开展为期半年的交流与学习。

马来亚大学建在山里,道路两旁不是人工植被,而是山体本身的面貌,体格健壮的猴子们还在林子里窜来窜去。马来亚大学有一个专门研究马来语、马来人和马来文化的学院——马来研究院(Academy of Malay Studies),我们一行人被安排在此就读。尽管"马来研究"这一学科具有相当高的民族性,因此在世界范围内非常小众,但随着中马外交关系日益紧密、文化交流日趋频繁,马来研究院里每年都有不少中国留学生的身影。

考虑到已经有在北京外国语大学学习两年马来语的基础,我们17人没有单独编班听课,而是作为"插班生"和本地学生一同学习。毫不夸张地说,课程难度极大。类比一下,马来亚大学的马来研究院相当于北京大学的中文系,我们则相当于一群在国外才学习了两年汉语的学生,突然跑到北大和中国人做同桌,听教授讲先秦文化、孔孟哲学,自然是云里雾里。但这点困难并没有吓倒自强不息的中国学生。期末考试前,语言学的教授还对中国学生说："你们不要害怕，我会在阅卷时对你们放低要求的。"但当他批阅试卷时，却表示"感到震惊"。结果，中国学生的平均成绩远高于本地学生。

若论同本地学生互动最多的课程，则非"马来语语言交际"莫属。我与两名马来同学被分到一组，合作完成各项任务。我们开车到雪兰莪州的首府莎阿南，化身"网红"拍摄旅游宣传短片；我们在吉隆坡市中心的商场拍微电影，我扮演一名乞丐，身上裹着破布，脸被刻意涂脏，却觉得异常有趣；我们在学校礼堂里办"销售展"，手舞足蹈，边卖边送，甚至唱马来民族歌曲招徕顾客。在这个过程中，我的马来语水平迅速提高，也收获了与马来同学和老师的深厚友谊。回国一年后，我在云南民族大学举办的一场中马翻译研讨会上又遇到了教授"马来语语言交际"这门课程的老师马尔蒂安博士，他骄傲地对同事们说："看，这是我的学生！"

我与"马来人的身份认同"这门课程老师的一场"争论"，至今记忆犹新。老师或许是受了某些西方媒体的误导，认为中国政府歧视压迫新疆少数民族。当时确实有不少马来人持这种态度。出于"天下穆斯林一家亲"理念，甚至有一小撮人去中国驻马使馆门口闹事。我跟老师解释道："在中国，每个公民都有宗教信仰自由的权利。而且中央政府为了保护少数民族，特意划出几个民族自治区，其中就有新疆维吾尔自治区。政府会多给这些地区拨款，支持他们的经济建设，少数民族的同学考大学也会有优势。全世界打击的都是恐怖主义，而不是某个民族或者某种宗教的信仰者，您说不是吗？"老师对于中国没有根深蒂固的偏见，他很开心我能分享这些信息给他，因为作为一名求真求是的学者，他也想了解一个真实的中国，而不是"西方媒体眼中的中国"。

如果要说马来亚大学留给我印象最深的一句话，可能就是"It's OK"（没关系）吧。我第一次去图书馆还书，因为还不了解马来亚大学图书馆的罚款规定,所以迟了好几天,既羞愧又紧张。看到我局促不安的样子,那个马来图书管理员给了我一个特别特别温暖的笑脸,他说:"It's OK."还有一次坐校内公交,我上了车才发现没带零钱。那时车子还没有发动,我本能地要下车,却被司机大叔拦住了,他也说:"It's OK."我自认为从不缺乏严谨、刻苦努力的精神,但有时待人接物总缺少那么点"人情味儿"。马来人的宽和品性,多多少少改变了我的世界观。

"总理杯"国际马来语演讲比赛

这就是外教悉心指导的那场比赛。可以说,"总理杯"堪称全球马来语学子的最高赛事:马来西亚政府举办,现场5000人观看,电视台第一频道直播,还有多家主流媒体采访报道。2019年9月,我如愿以偿地来到马来西亚苏丹依德理斯教育大学,代表中国的马来语学子参加比赛。

2019年"总理杯"国际马来语演讲比赛颁奖典礼

在这场盛大的比赛中,我有幸接触到马来西亚社会各界人士:苏丹依德理斯教育大学的学生、教师、副校长;一些媒体,例如《星洲日报》、

《中国报》、马来西亚广播电视台（RTM）的记者和摄像。为练习听力，我经常看 RTM 的新闻，看见熟悉的记者，我特别兴奋。我说："我可是你们的忠实观众呢！"他们也是既惊讶又高兴，很谦逊地连声道谢。预选赛的一位列席嘉宾是马来西亚语文局的官员，他曾在北京工作，对中国有很深厚的情感。听说我是来自中国的选手，他特意在小食堂请我吃点心，并对我的演讲给予指点。

一个有意思的小插曲是，决赛前一天，苏丹伊德里斯教育大学举办"文化之夜"，邀请各国参赛选手表演本国的特色歌舞、乐器。我与其他两名中国选手合唱了《我和我的祖国》。虽然台下并没有一个人能听懂我们在唱什么，但我们唱得投入而尽兴。当时是 2019 年 9 月 26 日，新中国七十周年国庆的前夕，没有一首歌比《我和我的祖国》更能表达我们的心声了。

决赛前，在电梯间里，一名马来西亚教育部的官员问我："你是来自哪个国家？"我回答："中国。"他点点头说："中国每年都有选手进入决赛，可见中国马来语的教学质量非常高。我们很感激中国为捍卫马来语所付出的努力。"我登台时，看见台下有人挥舞着五星红旗，听见观众喊的不是我的名字，而是"China！China！"那一个瞬间，即便紧张将要冲昏我的大脑，我也有眼眶因感动而湿润的本能。

我在苏丹依德理斯教育大学生活一周，结识了许多那里的学生。他们给了我很多鼓励、宽慰和帮助。尤其是我的"助手"安娜，为了让我在预选赛、初赛和半决赛这三场没有专人负责服装造型的比赛中，以"美丽"夺人目光，不惜提前起床一小时来我的房间为我编头发、化妆。我回国后，我们也经常保持联系。在我写毕业论文时，安娜因为新冠肺炎疫情滞留在吉隆坡。即使在这种情形下，她也尽最大努力为我收集了很多助益论文写作的资料。幸运的是，不久后我又在马来西亚驻华使馆举办的一场研讨会中遇到了来自苏丹依德理斯大学的朋友们，他们以马来

2019 年,参加马来西亚驻华使馆节庆活动

西亚代表团的身份参加,我们交谈一个小时,仍觉得意犹未尽。我邀请他们来北外做客,但因日程紧张只能作罢。

在学习马来语、了解马来文化和与马来人交流的过程中,我的外交情结慢慢生根、发芽。即便无缘直接从事外交工作,我也会利用语言优势,尽力向马来西亚乃至东南亚地区传递中国声音。我虽能量微小,但也可如萤火一般,有一份热,发一份光。

2020，我的庆幸与感恩

朱炜（新华社驻外记者）

午夜 12 点后，我走出亚太经合组织领导人非正式会议会场，独自开车行驶在空荡荡的街道上，路上的电子显示屏还在播放新冠肺炎疫情防控的短片。

一排排昏黄的路灯从我旁边闪过，落寞而寂寥。因为疫情，亚太经合组织第二十七次领导人非正式会议于 2020 年 11 月 20 日以视频方式举办。

在亚太经济合作组织领导人非正式会议会场

疫情改变了 2020 年世界各国大部分的计划。马来西亚的多个展会、活动、体育赛事也都相继推迟或者取消，人们出行也受到限制，这给采访带来很多不便。我因为采访，做了三次核酸检测。这些都是年初的时候大部分人没有预料到的。

人文篇

时间倒回 2020 年 1 月 1 日零时。

新年焰火表演是每年惯例，烟花在吉隆坡地标"双子塔"旁绽放，绚烂而美丽。2020 年我拍摄烟花的地方与 2019 年相同，但为了拍出不一样的效果，我尝试用无人机进行拍摄。

为了长时间曝光，我给无人机的镜头装上 ND 减光滤镜。零点将至，我开始用无人机航拍。因为镜头安装了减光滤镜，从手机屏幕上我很难看清被拍摄物体。

刚开始拍摄比较顺利，连拍几张后手机跟无人机中断了联系。我心里一阵慌张，看着遥控器上还有无人机的信号，估计还在天上飞，于是我盯着遥控器的高度和距离，操控无人机盲飞了回来。

无人机降落后，我导出照片，效果不错。

2020 年 1 月 1 日，焰火在吉隆坡地标"双子塔"旁绽放

2月最后几天，因为政局变动，我主要在马来西亚国家皇宫采访拍摄。其间，我亲历了马哈蒂尔辞职和新总理穆希丁上台。

3月中旬政局尘埃落定，马来西亚也迎来了抗疫时间。从3月到6月，马来西亚处于行动管制令时期。因为疫情限制和防疫要求，我外出采访受到很大影响。即便如此，我们没有错过任何关键节点。

4月中下旬，中国派出医疗专家组来到马来西亚。我们需要报道他们在马的走访交流活动，却又因采访限制不能面对面进行采访拍摄。于是，我们请专家组每天提供照片和视频，并由专家组组长李俊口述每天的经历。在此期间，我跟总社编辑部配合，共制作8篇融合报道，其中的视频稿件也是我摸索着做出来的，克服了"无米之炊"的困难。

摩托车骑手驶过"待在家，保平安"电子显示屏

人文篇

工人在东海岸铁路项目关丹隧道建设工地内工作

6月以后，马来西亚在一定程度上放松了管控措施，我们报道的重点也转向复工复产。一次，我和同事来到马来西亚东铁项目的建设工地采访，这是我第一次进入正在施工的隧道里进行拍摄。

伴随着轰鸣的机器声，工人们紧张忙碌着。在异国他乡的土地上看到中国的大型机械钻山挖洞，我心里不由产生一股自豪感。

9月和10月，为了配合编辑部"城市之美"选题，我拍摄了吉隆坡、马六甲两组专题稿件。

这一年，我在短视频制作上下了很多功夫。在融媒体的大趋势下，摄影记者也要具备短视频的采集和编辑能力。

隔行如隔山。作为摄影记者，我仍在探索短视频的拍摄和剪辑方法。融媒体报道丰富了读者的阅读体验，同时也对制作提出了更高要求。从前期的策划、构思、联系采访对象、取景，到拍摄、剪辑、制作、包装，完成整套流程需要专门的团队。拍摄上，摄像和摄影在取景构图方面还有些相通之处。然而，视频编辑与图片编辑差别很大，也更为复杂。

84岁的华人钟表匠人韦华师傅在维修手表

因为疫情，2020年马来西亚多数的展会、活动都取消了，我的采访只能改变思路，更多地是在马来西亚"走基层"，将镜头对准身边的普通人。

在此期间，我发现并采访了多位有故事的民间人物，包括手工制作月饼的华人许美声、疫情下摆摊就业的飞行员阿兹林、年过八旬的修表匠人韦华等。以他们为主人公的图片故事颇具人情味和当地特色，都取得了不错的传播效果。

84岁的钟表匠人韦华给我留下深刻印象。不大的店铺里，韦师傅给我们讲述着他的故事。平和的语气中，韦师傅将自己为之奋斗一生的事业娓娓道来，我的脑海中不断闪过一幕幕画面，每一幕都是他人生的一个片段，从中感受着岁月留下的痕迹。

韦师傅一生与钟表为伴，他把岁月都藏在修好的钟表里。讲到与自己结伴修理钟表四十余载的朋友五年前去世时，他眼噙泪水。谈及中国的发展取得巨大进步时，他的眼里又闪烁着光芒。

他说，过去"华人与狗不得入内"，华人常常被欺负。如今，中国终于强大起来了。

他说，听闻中国发射"嫦娥五号"前往月球采集样品，他感到骄傲，爽朗地笑了起来。

拍摄这些手艺人，听他们讲述自己的故事，我体会到人生并非一定要轰轰烈烈，坚守工匠精神，同样也是一种精彩。如韦师傅所言，人的一生，"要有能力自力更生，要保持坚强，要思想正直，要保持平和的心态"。

2020年末采访的三位失业摄影师自主创业的故事，让我倍感鼓舞。他们原本是马来西亚一家报社的摄影师，2019年底，报社因为资金短缺不得不停业，而疫情让他们的生活"雪上加霜"。他们没有气馁，而是敏锐发现商机，凭借自己对木工的爱好，运用自媒体运营经验，创办了自己的品牌。通过精心打磨每一件产品，并借助社交媒体平台，他们慢慢走上正轨，生活也越来越好。

他们说："失业不是终点，而是一个全新的开始。"这三位原本失去工作的摄影师度过了失业和疫情双重夹击的困难时期，也找到了未来的发展方向。

我相信，经历过2020年的每个人都可以自称"我在现场"，疫情让每个人都成为了这一历史事件的主角。身为驻外记者，我有机会在异国他乡接触到不同的文化和故事，也有幸用镜头去记录这段历程，留下一些印记。毕竟一切终将变为历史，我们终将成为时间的过客。

2020年很长，漫长到我们都在期盼疫情彻底结束，生活回归正轨。

2020年又很短，似乎这一年时间飞逝，而我们所做之事却寥寥无几。

对于很多人来说，2020年可能不是想象中的那么好，但经历过一切再回头看，似乎也没有想象中的那么糟糕。恰如年初时的雄心壮志，最终也都变成了庆幸与感恩。

人 文 篇

难忘沙巴

陈佩洁（中国驻哥打基纳巴卢首任总领事）

离开沙巴三年了，一切却似仍如昨日。

2015年1月30日晚，我作为首任中国总领事抵达马来西亚沙巴州首府哥打基纳巴卢，开启了在著名的"风下之乡"两年半的工作生活。900个日日夜夜，总领馆从无到有，工作从零起步到各领域小有成果，我和我的团队从人生地不熟到朋友遍沙巴，其间有艰辛也有欢乐，更有太多难忘回忆。里卡士湾的海风抚岸、神山的晨光微曦、诗巴丹的碧波仙境历历在目，中华文化的出色传承、各族友人的真诚友善、双方友好的真切情谊，更是令人难以忘怀。

美丽的沙巴落日景色

设立总领馆，悠久友好迈上新台阶

　　沙巴州地处东马的婆罗洲岛东北部，与位于马来半岛的西马隔海相望。历史上它曾称北婆罗洲，于1963年加入马来西亚联邦成为一个州，改称沙巴。这里属热带气候，雨水充足，土地肥沃，植被丰富，山水相连，景色宜人，有世界三大最美落日之一、世界三大最佳潜水胜地之一、东南亚最高峰神山，是一片美丽且充满神奇色彩的土地。沙巴与中国的渊源，来自一个神奇的传说。神山名基纳巴卢山（Mount Kinabalu），意为"中国寡妇"。相传中国古代，有中国士兵随长官遣来沙巴，巧遇原住民酋长女儿，一见倾心并终获芳心，结为夫妻。后士兵返回祖国，允诺尽快归来。姑娘日日上山北望大海，盼望夫君归来，直至化为望夫石，这座山也由此得名。这传说通过官民各界各族口口相传至今，虽版本有所不同，但都一致认为这是沙巴与中国交往并亲善悠久的证明。

　　2014年5月，中马两国政府签署建交40周年联合公报。其中一项内容是，马方欢迎中国在哥打基纳巴卢设立总领事馆。

　　建馆工作于2014年末启动。2014年12月31日，四位同事先期抵达，一个月后我前往会合，6人建馆小组以只争朝夕的干劲开始工作。寻找馆舍是第一件大事，但要找到一个现成的既区位合适、有足够办公空间，又能体现中国气派和风貌的馆舍，谈何容易。同事们顶着烈日把哥市转了无数遍，各族各界特别是华人朋友也纷纷热心推荐。那段日子，除了频繁的拜会、会见、出席活动，大家把全部精力都放在寻找馆舍上。一张大大的哥市地图挂在房间里，上面用各种记号标注着我们的"作战"方案，大家白天"扫街"寻觅、看房、洽谈，晚上挑灯研讨筛选。记得2015年春节，全体同事只在年初一放假一天。一两个月下来，大家都黑瘦不少，也算成功融入了当地。当时我们暂时下榻当地的香格里拉酒店，每天最轻松欢乐的时光便是白班结束、晚班开始前，集体跑去海边看著名的沙巴落日,天天看天天拍,也不觉得有审美疲劳。大家用各种美照晒朋友圈,也释放了紧张的工作压力。经过日复一日的昼夜鏖战,终于锁定馆舍,接下来是谈判合同、改造馆舍、雇用雇员、筹备开馆仪式。

2015年4月27日,中国驻哥打基纳巴卢总领馆在中马建交41周年前夕开馆揭牌!中国驻马来西亚大使黄惠康代表我国政府出席揭牌仪式,并主持了我们同日举行的升旗仪式、总领馆官网开通仪式。当国歌奏响,亲手升起国旗的瞬间,我泪眼模糊!三个月的辛苦值了。

中国驻哥打基纳巴卢总领馆开馆升旗仪式

开馆后,何时能办签证成为当地人普遍而迫切的期待。为实现我确定的年内开办的目标,同事们再次拼了,沟通争取授权、建设签证大厅、安装调试设备、人员招募培训……紧锣密鼓一阵忙碌后,当年12月28日,签证大厅正式对外开放。

总领馆开馆、签证开办,令沙巴人欢欣雀跃。踏着这新台阶,沙巴进入与中国交往并亲善的新阶段。

守望相助，美好情谊温暖人心

沙巴天然海岛风光使之成为旅游胜地，加之区位优势，吸引众多国人前往，中国成为沙巴第一游客来源国。开馆后，直飞航线与航班迅猛增加，游客量大幅攀升，随之而来的领事保护与协助案件逐年增多。妥善处理突发事件，维护来沙巴旅游的中国公民的安全，是总领馆的一项神圣职责。总领馆没有专职领保干部，忙起来时人员调度分外紧张。为及时妥善维护中国公民切身利益，唯有大力依靠当地政府及各界力量，特别是要充分发挥领保联络员的作用。

2017年1月28日，中国农历大年初一，一艘载有28名中国游客的快艇在驶往旅游景点环滩岛途中倾覆失联，引起国内外广泛关注。驻马使领馆迅速启动应急机制。黄惠康大使在吉隆坡坐镇指挥，我在一线率领保干部每天亲临搜救指挥中心协调搜救。马方海军、空军、警方派出多艘舰艇和飞机在3000多平方海里范围内持续搜救数月，最终在极其艰难的情况下，使20人获救生还。领保联络员及华社与中资企业志愿者24小时轮班看护照料归来伤者、接待国内家属。马来西亚警方24

亲临搜救指挥中心协调搜救工作

小时值守确保安全。"1·28"沙巴沉船事件在多方支援下高效妥处。事件发生17天后，全部获救人员及遇难者家属顺利回国。

一次，一中国香港居民自驾小船在古达海域失联，我们坚持不懈地协调搜救。沙巴海军、海警、渔业协会等官民各界坚持数天在相关海域展开搜救。失联者12天后获救归来，人们惊赞创造了奇迹。还有一次，来自中国辽宁的旅游团9人在吧巴遭遇车祸，多人受伤。当时我正在当地访问，闻讯后立即中断行程赶往医院探望安抚伤者，而领保联络员已先我赶到现场，妥善安排伤者就医及回国等后续事宜。

所有案件的处置，有我工作团队的辛苦，更有当地官民各界、领保联络员的全力配合与付出，热心负责的领保联络员有时还会自掏腰包解决游客的食宿机票。这是中马友好情谊的传递，是血浓于水感情的真实写照。

沙巴民风淳朴，慈善氛围浓厚，有大大小小几十家关爱弱势群体的民间团体。2008年汶川地震后，沙巴各界踊跃捐款捐物，谱写了患难与共、守望相助的感人篇章。参与当地慈善活动成为总领馆一项日常工作。任内我走访了福利院、老人院、地中海病协会、乳癌协会等多个慈善机构，向病患和老人们送上问候，陪同孩子们玩耍，同时在力所能及的范围内，急其所急、助其所需，助力"民相亲"。

故事一：资助福利院建车棚。"希望之山"福利院收留了40多位各族孤儿及残障人士，靠社会捐助的车辆往来医院等地。但日晒雨淋中车辆折旧速度很快，孩子们上下车也会淋雨，急需一个停车棚。总领馆决定为福利院捐建一个大型车棚，并请中资公司承建。建成仪式上，孩子们欢乐无比。院方说，车棚在为孩子们遮挡日晒雨淋的同时，还可兼作室外活动场地。

故事二：捐赠换血仪挽救病患。地中海贫血症在沙巴患病率较高，每年都有不少年轻的生命因此病而离世，而及时换血可以延长生命。换血既需要血浆，也需要专门的仪器，而换血仪器较为昂贵，沙巴地中海病协会仅有为数不多的几台，不敷所需。总领馆决定向协会捐赠一批换血仪器。患病的孩子们感恩落泪，唤我作"爱心妈妈"，令我十分动容。

故事三：捐太鼓助康复。乳癌协会由患病和已康复者组织成立，其宗旨是鼓励患病姐妹们保持乐观、加强锻炼、战胜病魔。访问中我获知，挥臂击鼓有助于康复训练，便决定捐赠一批太鼓，同时应邀率同事们参加主题义跑。

故事四：赈灾。传闻中，"风下之乡"从无地震、台风、海啸等自然灾害。然而，2015年6月5日晨，神山所在的兰瑙县发生5.9级地震，当时很多游客正在登神山观日出。地震造成包括一名中国游客在内的18人死亡，大量房屋损毁，损失巨大。这使不曾遭受过此等自然灾害的沙巴人民感到意外和惊慌。在妥善料理不幸遇难的中国游客后，总领馆决定向州政府提供赈灾捐赠，并访问地震中受损最严重的学校，为校舍灾后重建提供捐助。一间重建的教室被命名为"思源室"。州政府和各界说，中国总领馆是灾后第一个参与赈灾

总领馆在当地参加慈善活动，助力"民相亲"

的外国政府机构，当地人民对这友好相助的情谊感佩至深。

开展这些工作时，我们带着感动与友爱尽最大努力去传递真诚与温暖，得到的回馈是更大的感动、更深厚的情谊。我想，这正是中马两国人民守望相助、睦邻友情的生动体现。

文明互鉴，中华文化传承生生不息

沙巴人主要包括马来人、土著（原住民30余族）、华人。多元种族、文化、宗教和谐相处、彼此欣赏，是沙巴的特点和沙巴人的骄傲。一年到头节日多，无论哪个民族的节日，全体沙巴民众都会穿上这个族群的特色服饰，同欢共庆。例如，年初春节，从州元首、首席部长等各级政要到普通百姓，都穿上唐装，赶赴华社举办的连绵月余的中国新年庆典活动；五月卡达山丰收节（卡达山族是原住民的一支），便都穿上卡达山民族服饰欢聚，畅饮他们自制的佳酿；开斋节与独立日，同样都穿着马来装汇聚于各欢庆场合。入乡随俗，我除了在中国重要节庆着旗袍，也在当地定制了马来袍、卡达山衣裙，并在有关节庆时应时应景地穿，受到热烈欢迎。我和同事们都学会了歌颂神山的歌曲《Sayang Kinabalu》和特点鲜明的卡达山舞蹈。

与当地民众一起欢度卡达山丰收节

这样的土壤，以及各族群对中华传统文化发自内心的喜爱，为中华文化传承奠定了良好基础。而华人华侨以传承为己任并代代相传、倾心付出，则确立了这里的中华传统文化海外传承最佳的傲人地位。春节、元宵节团拜，端午节赛龙舟，中秋赏月，重阳敬老，州政府都给予支持，各族群参与其中。有意思的是，虽然舞龙舞狮和龙舟赛、武术赛等由华人主导，但参赛队伍中大多是马来人或原住民，其喜爱程度可见一斑。当地官员骄傲地告诉我，这里的中华传统文化源自中国，但在有些方面已超越中国，比如在国际舞狮大赛中获得冠军的往往不是来自中国的选手，而是马来西亚选手。

华文教育是这份骄傲中的重点。华人坚信再穷不能穷教育，华人先贤们筚路蓝缕、呕心沥血，不懈努力、代代传承，华文教育成为沙巴教育体系独具特色的组成部分。华教的重要性已深入华人骨子里、血液中。令人印象深刻的是，与华人交流时，无论对方从政、经商，还是社会名流，华教始终是大家热衷的重要话题，都会骄傲地告知自己是某华校校董或承担什么工作、自己所在社团旗下管理着哪家华校，等等。

沙巴有华校中小学共100所。华校的华人学生多精通三语（马来语、英语、中文）、成绩优异，原住民和马来学生也以能入华校为荣。长辈说，中华文化的熏陶使年轻一代更懂礼仪和敬重长者。马来族高官也争

积极参与当地华人社会弘扬中华文化活动

相将自己的子孙送去华校读书。书法大赛上，常常见到包着头巾的马来姑娘挥毫泼墨。卡达山小伙子则经常在华文演讲比赛中折桂。挥毫甚至成为一种常见仪式。我在很多应邀出席活动的场合，都被要求与几位嘉宾一同挥毫题字，看着身旁华人部长们写得潇洒，令我很是心虚和自愧不如，决心即刻开始苦练。

华校资金资源有限，看重社会捐助，对总领馆的支持充满期待。习近平主席说，马来西亚华侨华人是中马友谊和合作的亲历者、见证者和推动者。我在沙巴深深感受到了这一点，当地华文教育的成就也彰显了这一点。支持华文教育是总领馆的重要工作内容。除了走访多所学校，举办教师节活动，商国内派书法、武术、舞蹈老师来办夏令营，安排学生赴华参加寻根之旅、捐赠图书活动等，我们在开馆次年即设立了总领馆年度奖助学金，面向华校贫寒且成绩优秀的学子提供资助，极大地鼓励了孩子们的学习热情，鼓舞了办学者的信心。

四、青山不老，岁月静好"谊"水长流

沙巴与中国往来频密，过去多为当地华人与广东、福建等祖籍地的交流。总领馆设立后，沙巴各地都热切希望总领馆能够帮助其加强与中国各地的交往合作。我到访多地，并把推进地方交往合作作为工作重点之一。我们协助首府最大县兵南邦县议会访问了江苏、上海。访问归来的座谈交流中，议会主席兴奋告知，通过了解中国城市规划和基层治理经验，对中国的可持续发展理念和中国政府为人民服务的宗旨留下深刻印象，还签订了友城协议，是该县对外交往史开天辟地头一回。我们还安排沙巴州议会代表团及媒体代表团访华，考察东西部重点地区，了解"一带一路"合作倡议，并促成哥市与杭州结好，开创哥市对华结友城

哥市与杭州结好

先河。代表团访问归来都感受很深,议员撰文介绍,媒体记者举办图片展。国内各地团组纷纷来访,中资企业产生更大投资兴趣,中国潜艇编队也首访沙巴。沙巴州与中国的往来与日俱增,合作的路越走越宽,联系的纽带越系越紧。

  民间的情谊令我倍感温暖,记忆中那些画面总在回闪:甫落地和离任时,机场数百人热情欢迎和深情相送,警察总监说我离开沙巴那天是沙巴的伤心日;访问各地,总受到警车开道等隆重接待,我虽每次专门交代同事叮嘱接待方、轻装简行、避免惊扰当地民众,但效果不彰,当地人用这样的方式表达热情真诚和对中国发自内心的友善;访问华校并出席活动,师生们热情呼喊着欢迎的口号;作为唯一外宾,我应邀出席州警察年度军乐队列操练;有几位耄耋老人,重阳节我必登门看望,其中一位老人家病重离世前说想再见见我,我即登门探望,送上最后的祝福，后来我离任时，其女儿绣了一幅我的十字绣画像相赠；一位土著小姑娘将赴华参赛，其父母希望行前见见总领事，我即安排见面，给小姑娘以鼓励，其母含泪说这是一生中的珍贵时刻；为助华教募捐，我首次在大众面前开嗓唱歌，令毕生投身华教的老人激动落泪；当地人喜我亲和，外出常被路人认出并激动求合影；主流媒体高度关注总领馆和我的信息，遇有活动必做采访，争相登载，常以头版刊出。有趣的是，一次媒体问我在当地生活的感受，我笑言：受到大家的喜爱，感觉像明星。转天报纸就以"我感觉像明星"为题登出采访报道。我与各界友人当时建立的友谊持续至今，无论海上搜救指挥官、警察总监还是大学校长，每逢年节都与我互致问候，沙巴大学校长最近还专门发来师生们为中国抗疫加油的视频；华人华侨更是感情至深，时常发来想念与问候之语。三年来，每逢总领馆开馆纪念日和我抵离任的日子，我总能在社交媒体上看到他们发布的当时的照片。浓浓的情谊未因时间流逝而淡然。

总领馆开馆时，我承诺总领馆要成为增进两地人文交流、便利人员往来的友谊之舟，促进经贸合作、分享发展机遇的合作之桥，华人传承中华文化、了解中国发展、参与中国建设的服务之窗，旅沙中国公民的海外之家。一路走来，总领馆在当地落地、扎根，努力发挥着"舟""桥""窗""家"的作用。再回首，已三年。祝愿中马友谊之树常青！祝愿美丽的"风下之乡"繁荣发展！祝愿那里的人民幸福绵长！

后记

为配合周边外交和"一带一路"建设,五洲传播出版社和外交部老干部笔会联合策划出版"我们和你们"丛书。2014年以来,已陆续出版俄罗斯、巴基斯坦、哈萨克斯坦、印度、印尼、瑞士、泰国、波兰、巴西等近30个国家分册,以中文和对象国语言同时在国内外发行,在我国和相关国家外交界引起强烈反响。

《中国和马来西亚的故事》是"我们和你们"丛书的马来西亚分册,包括记忆篇、人物篇、合作篇、人文篇四个部分,由中国和马来西亚政、商、学等各界友好人士协力创作,中国前驻马来西亚大使胡正跃和黄惠康担任共同主编。

马来西亚地处东南亚中心位置,扼守马六甲海峡,是古代海上丝绸之路的重要节点和郑和下西洋五次驻节之地,与中国有着绵延千年的深厚渊源;是东盟中最早与新中国建交的成员国家,与中国有着友好互信的政治传承;是700多万华人扎根生活的热土,与中国有着得天独厚的人文纽带。2013年10月,习近平主席访马,两国关系提升为全面战略伙伴关系,政治、经济、人文、安全"四轮"驱动,驶入了成熟稳定、全面发展的快车道。

本书收录的30篇文章,从不同的侧面反映了中马友好之树的根茂实遂。其中,有两国领导人擘画共赢发展蓝图、提升双边关系水平的重要时刻,有郑和七下西洋、孙中山来马争取革命支持等珍贵历史片段,有"南侨机工"助力中国抗日战争的悲壮回忆,有个人事业、家族命运与中马关系进程同频共振的感人故事,有平等互利、合作共赢的创业经历,还有年轻一代对中马关系的美好愿景。中马友好必将切水不断、薪火相传。

本书的征文和编辑工作得到了中国驻马来西亚大使馆、马中友好协会、马来西亚华人社团以及两国各界友好人士的大力支持和协助。衷心感谢中国驻马来西亚大使欧阳玉靖和马来西亚驻华大使努西尔万拨冗为本书作序,感谢中马两国的30位作者记述和分享精彩的中马友好故事和对中马关系的深切感悟,感谢外交部老干部笔会副会长周晓沛大使的悉心指导,感谢外交部亚洲司和驻马来西亚使馆的精心协调,感谢驻马使馆政治处钱珺珺主任及全馆各处室同事们细致的工作,感谢北京第二外国语学院中国公共政策翻译研究院执行院长张颖女士为部分英文文稿提供了高质量的翻译服务,感谢五洲传播出版社责任编辑秦慧敏的持续努力和辛勤付出。

"为者常成,行者常至"。建立在相互尊重、平等互利、合作共赢基础上的中马全面战略伙伴关系,符合两国和两国人民的根本利益,也有利于本地区的和平与稳定。谨以本书庆祝中马建交47周年。唯愿中马两国国泰民安,中马友谊万古长青!

编 者

2021年3月12日于北京